勇往直前衝衝衝！

職場媽媽奮鬥記

IKEIKE DONDON!
WORKING MOTHER
FUNTOKI

あい 著
何姵儀 譯

大家好！
我是小愛。
和先生、孩子
3個人一起生活，
是一位在職媽媽。
我原本是在老家
關西地區的
一家小公司上班。
負責設計商品。
結果遇到了
現在的枕邊人
（阿東爸爸）。
跟我一起
到東京打拚吧！
阿東爸爸
是一個充滿熱情、
又有愛心的人。
我要去～
結了婚之後，
我就搬到東京去了。

我在東京的
一家製造商
擔任商品設計師。
傻妞一個
就算圍繞在身旁的是
打扮光彩亮麗的東京人，
一身濃濃
鄉巴佬氣息的我，
照樣勤奮工作，
汲汲營營地
生活。
OSHARE
工作3年
之後……
我懷孕了。
孕吐
恭喜妳♡
太開心了！
我們一起加油吧，
新手媽媽！
她是
良子課長。
是一位家有5歲兒的
在職媽媽前輩。
對了，
這麼問或許有點早，
生完孩子之後，
妳會繼續工作嗎？
當、
當然會
繼續做。
耶～太好了！
有同伴好開心～

熬過辛苦的孕吐期，
剪頭髮了
進入穩定期之後，肚子就變得越來越大。
好大！
你肚子也大得太快了吧！
每天工作都很忙，也不知道哪些事情該拜託別人幫忙才好。
噠噠噠噠噠噠
（毫無當媽的自覺）
喂——不要奔跑！
我幫妳拿～
謝謝～
在這段期間，公司同事幫了我不少忙。
社長！
小愛小姐，聽說妳下個月開始請產假？
那我就等妳生完孩子回來上班喔！
……好！

職場同事的好意，
令人盛情難卻，
送別會
生完再回來Yo！
產假真的很感謝！
於是我在自己的送別會上、
在同事們面前高唱一首Rap，
告訴大家：「我會回來的。」
人家會再回來Yo！
要等我Yo！
之後就開始休產假了。
謝謝大家
生產要加油捏！
請產假的每一天……
簡直就是樂園。
安穩舒適～
AKA-CHAN
孕吐舒緩之後，
也沒有什麼大問題發生，
每天過著睡好、吃飽的日子。

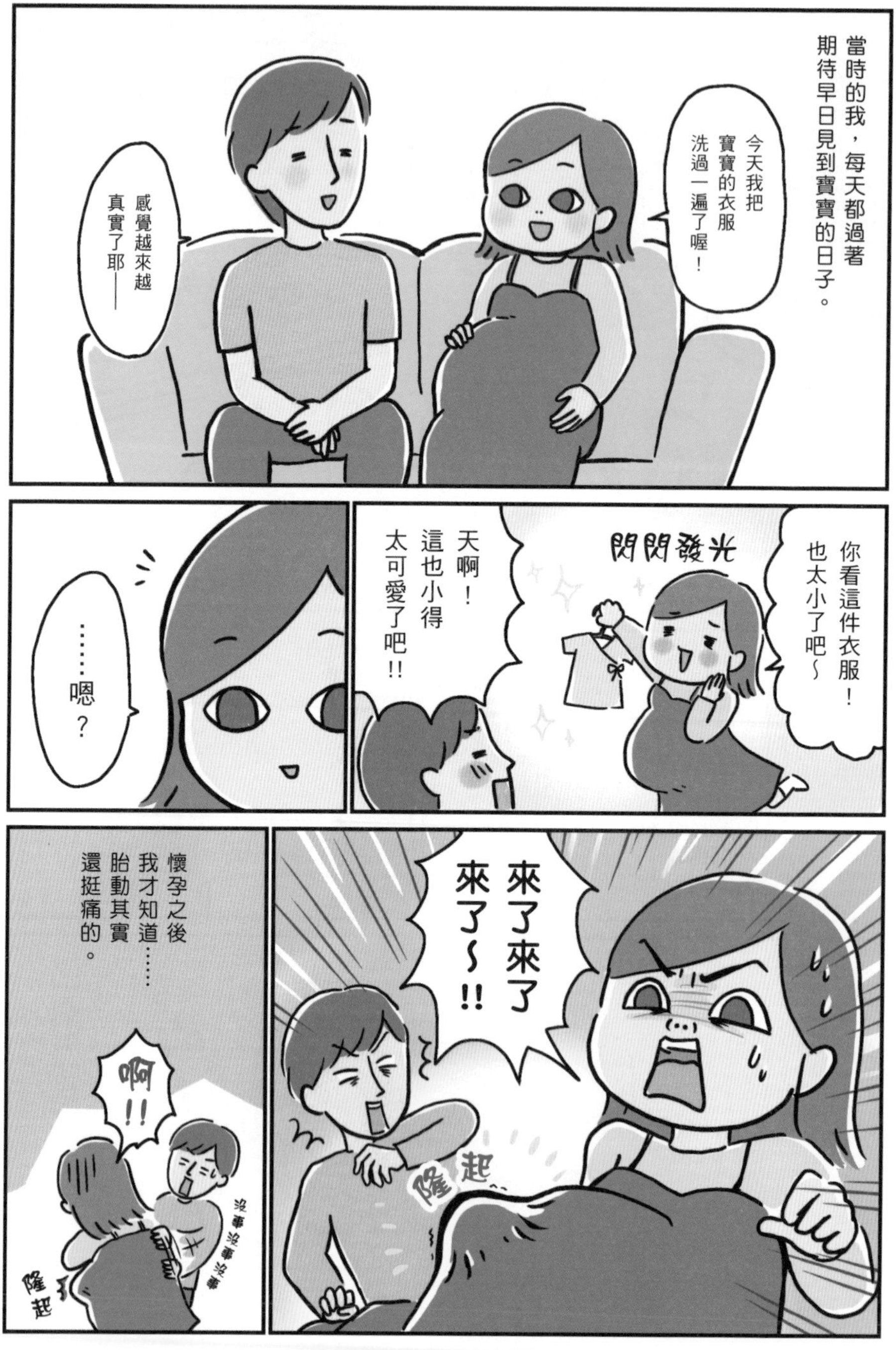
當時的我，每天都過著期待早日見到寶寶的日子。
今天我把寶寶的衣服洗過一遍了喔！
感覺越來越真實了耶——
你看這件衣服也太小了吧～
閃閃發光
天啊！這也小得太可愛了吧!!
……嗯？
來了來了來了～!!
隆起
懷孕之後我才知道……胎動其實還挺痛的。
啊!!
沒事沒事沒事
隆起

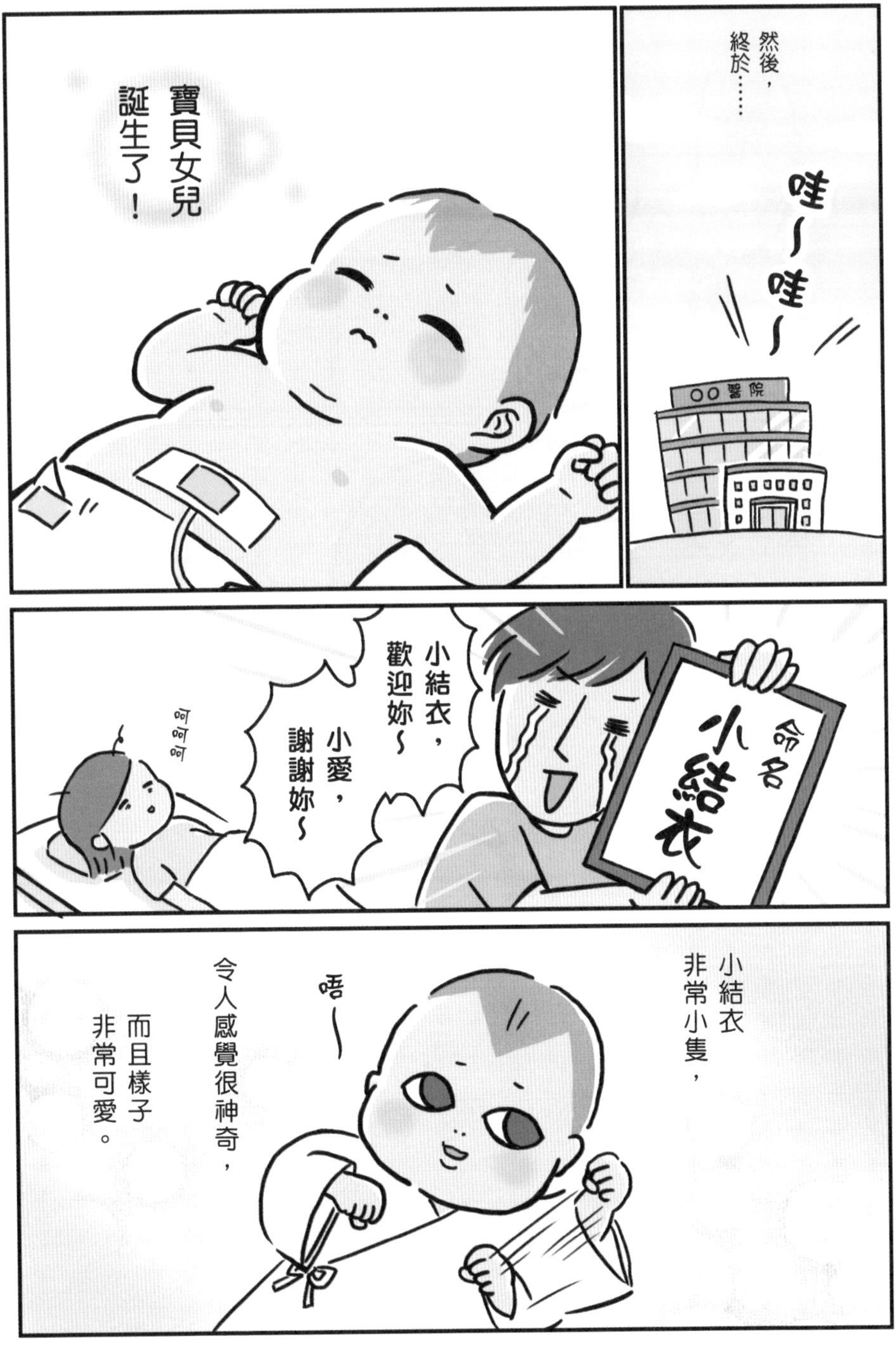
然後，
終於……
哇～哇～
○○醫院
寶貝女兒誕生了！
命名
小結衣
小結衣，歡迎妳～
小愛，謝謝妳～
呵呵呵
小結衣非常小隻，
唔～
令人感覺很神奇，
而且樣子非常可愛。

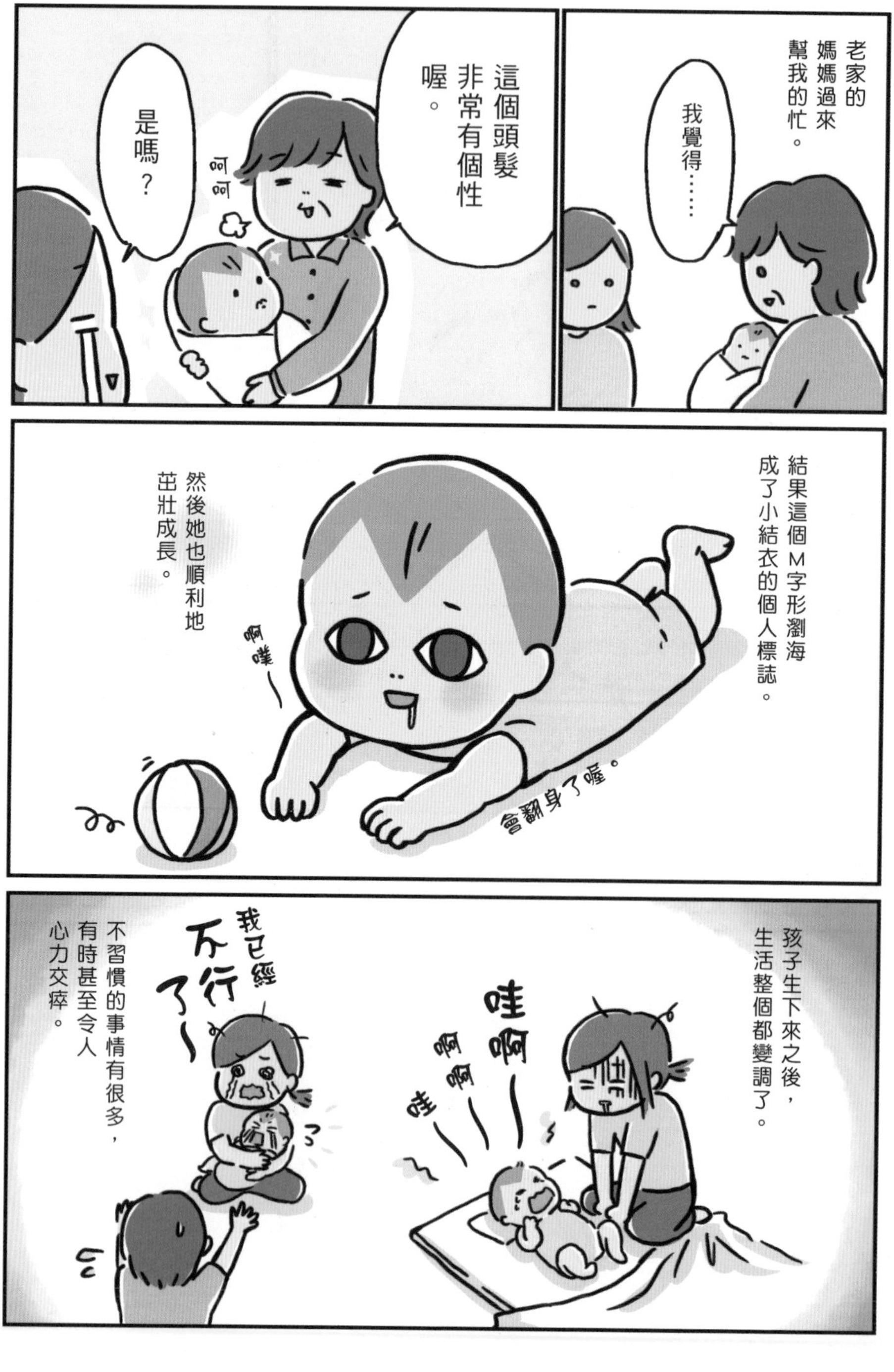
老家的媽媽過來幫我的忙。
我覺得……
這個頭髮非常有個性喔。
呵呵
是嗎？
結果這個M字形瀏海成了小結衣的個人標誌。
然後她也順利地茁壯成長。
啊噗—
會翻身了喔。
孩子生下來之後，生活整個都變調了。
哇啊—
啊啊—
哇—
我已經不行了～
不習慣的事情有很多，有時甚至令人心力交瘁。

但是小結衣實在是太可愛了，
所以我才有辦法和阿東爸爸同心協力，從中享受帶孩子的樂趣。
而且小結衣成長的每個過程，
都讓我體會到育兒的喜悅與感動，
我與她的羈絆也越來越深。
另一方面，我也為了準備回到工作崗位上，
能念的保育園有這裡跟這裡……
申請就讀保育園的0歲寶寶班。
要是錯過0歲寶寶班，未來會是一場苦戰。

我想和良子課長一樣，成為一位稱職的在職媽媽——
雖然心中滿懷希望，
但是請了一整年育嬰假的我，卻發現……
11月
12月
1月
2月
3月
自己完全沒有信心能夠重出江湖、回到職場上班。
小結衣這麼黏我，離開她行嗎？而且以前上班時，光工作就把我一天的體力跟精神耗盡了，下個月開始還要再加上回家照顧小結衣，我真的做得來嗎？
不過，我對自己的毅力有信心，只要努力一點，應該不會有問題……吧？
在不安與期望交織的當下，慢慢逼近的復職日是否能順利過關呢？
這本書是某位在職媽媽找到適合自己的工作方式的奮鬥記。

CONTENTS

PART 2  開心的一家人

PART3 工作的意義

PART4 人生的分歧道路

EPILOGUE 現在的我⋯⋯

CHARACTER

登場人物介紹

阿東爸爸

很愛家的開朗爸爸，
最近剛升職，
工作有點忙。

小愛

立志要當個
稱職的在職媽媽，
每天像個陀螺一直轉。

小結衣（0歲）

只有「可愛」一詞能形容、
我家寶貝的嬰兒時期。

小結衣

2018年5月出生。
好奇心無比旺盛、
愛撒嬌的小女生，
即將就讀保育園
0歲寶寶班。

良子課長

有人情味、誠實可靠的
在職媽媽前輩。

部長

隨時都能保持冷靜、
個性穩重的上司。

同期進公司的香織

前輩

前輩

理惠

小愛的摯友。
舉動有違可愛的長相，
是個充滿膽識的粉領族。

社長

理應是一個慷慨大方、
頗有氣度的人，可是……？

PART

1

在職媽媽生涯
開始囉～

我真的很想回去上班，於是……
送去上0歲寶寶班，明年4月重出江湖吧！
這麼決定以後，
小結衣……
應該沒問題吧……
抱緊
我從夏天就開始找保育園，
也提出入園申請書。
什麼？要填我的上班天數？我再跟公司確認一下。
A園
到附近的保育園參觀。
到了2月，申請的那家保育園寄來入園通知書。
通知書
順利申請到學校時，已經進入冬天……
今天好晚喔。
天都黑了，我們趕快回家！
收到的當下，情緒一股腦地湧出。
哇——不是很好嗎？
開心是開心，但也會寂寞。
怎麼突然這樣！
好孤單啊啊啊啊～
才5點呀……
這個時間天就這麼黑了……
要是去上班的話，接寶寶的時間應該會比現在還要晚吧……
小結衣！把這張通知書吃掉吧！
欸，不行啦
喂！妳們在幹嘛呀！
那時的我，覺得非常不安。

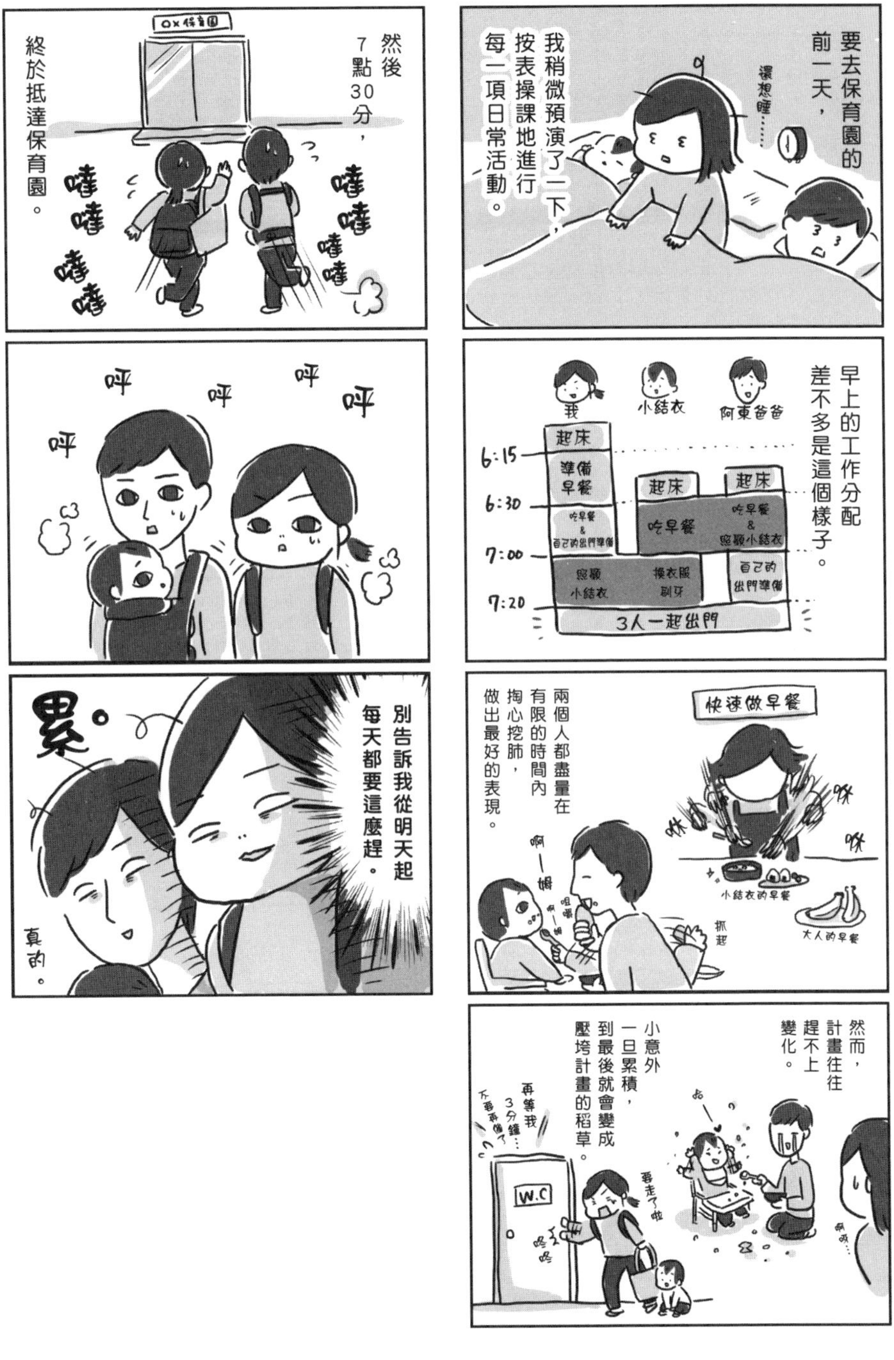
要去保育園的前一天，
還想睡……
我稍微預演了一下，按表操課地進行每一項日常活動。
早上的工作分配差不多是這個樣子。
我
小結衣
阿東爸爸
6:15
6:30
7:00
7:20
起床
準備早餐
吃早餐 & 自己的出門準備
起床
吃早餐
起床
吃早餐 & 照顧小結衣
照顧小結衣
換衣服刷牙
自己的出門準備
3人一起出門
兩個人都盡量在有限的時間內掏心挖肺，做出最好的表現。
快速做早餐
咻
咻
咻
啊—姆
啊—姆
咀嚼
抓起
小結衣的早餐
大人的早餐
然而，計畫往往趕不上變化。
小意外一旦累積，到最後就會變成壓垮計畫的稻草。
再等我3分鐘……
不要再催了
W.C
咚咚咚
要走了啦
啊啊…
然後7點30分，
終於抵達保育園。
○×保育園
噠噠
噠噠
噠噠
噠噠
呼
呼
呼
呼
呼
別告訴我從明天起每天都要這麼趕。
累。
真的。

到了4月，第一天上保育園。
還請老師多多照顧。
歡迎～
從今天開始試讀。
小結衣就像是來到新的兒童館似的，開始玩了起來。
她不會認地方耶～
新玩具～
噠噠噠
太好了……
抓準時機之後，我就先退場了。
那就麻煩老師了。
請放心，交給我吧。
呵呵
這一切也太順利了吧？
看樣子，應該馬上就會習慣了吧？
1小時過後，去接她時……
0歲寶寶班
嬰兒們嚎啕大哭的…煉獄。
呃……
咦？小結衣呢？
找到了找到了，怎麼跑到那裡！
待在角落
小結衣!?
表情怎麼這樣!?
抽噎…顫抖…
因為太害怕而放聲哭泣的小結衣。那是我從未見過的表情。

上班第一天
捲一下頭髮吧
裙子就穿這件……
我從早上開始就雀躍不已
喂──要出門了喔~
好──！
再完妝一下就好了……
到了公司
鞠躬
早安。
謝謝公司讓我請假。
主管
嗯？
喔~小愛小姐！
這段時間不見……怎麼妳的妝變濃了？
好久不見！
小愛小姐，感覺你真的有點不一樣，突然變得好成熟。
太妖豔啦！是因為第一天上班，幹勁十足嗎？
哈哈哈
人家我…人家我只是…
我先去忙了！
好丟臉啊啊
我只是想讓你們知道生完孩子的我……依舊亮麗如昔啦！
切勿過度打扮
哈哈哈
沒關係啦！有幹勁是好事
後來，我到洗手間把口紅擦掉。
已經不知道該怎麼化妝了

先來整理一下文件，找回手感。
恢復原來的髮型。
我果然還是喜歡工作。
啊～這個企劃案變成這樣子了呀
感覺大腦運作的是與育兒完全不同的部分。
那個，香織啊！
這份資料要怎麼歸檔比較好呢？
香織（小我2歲）稍微比我晚進公司，生產前兩人在工作上經常合作。
啊～這個前一季整個更新過，麻煩妳放到那邊的檔案夾裡
香織在我請假這段期間，變成A組的組長，
感覺我們兩個的距離好像變遠了。
別這麼說……
從今以後，我要把香織當作前輩，請多指派一些任務給我喔！
這個……恕難從命。
何必這樣
原來在我休假的時候，公司依舊不停在運轉，就連周遭的人也不停在成長呀！
那我也要好好努力，這樣才能迎頭趕上！
閃閃發亮
這視線……
香織真的好帥喔……

復職第4天
工作的手感慢慢找回來了
迅速迅速
工作順暢，日子也過得還可以。
這正是我夢寐以求的在職媽媽生活……
謝謝妳回來上班—
幸好有妳在—
啊，
小愛小姐，○×保育園打電話來。
小結衣發燒了。麻煩媽媽過來接她。
糟糕……
老師打來了吧？
拍
接下來才是在職媽媽生活的重頭戲喔！
呵呵呵呵呵 妳加油捏
媽媽前輩
之後小結衣連續發燒3天
前輩……！
這句話好像真的被妳說中了。
一下子用掉一堆特休假……
應該有1個月沒有像這樣平日白天都和小結衣不分不離黏在一起了吧？
唔～
育嬰假那段天天都在一起的時間我們是怎麼度過的？
想不起來了。
總之，先抱抱她再說吧！
天哪——好可愛！要趕快好起來喔！

到保育園接小孩
小結衣今天拉肚子……
哎呀……
衣服也弄髒好幾件。
回家後，哭鬧的情況更嚴重。
到家後正在準備小結衣的晚餐
啊啊
喃喃喃
喃喃喃
啊嗚啊
啊嘛嘛
拍打
拍打
洗澡的時候漏尿……
嗯
天哪啊啊
等一下等一下！
啊啊
噗噗
噗噗
在客廳漏尿……
等一下等一下，等我一下！
妳怎麼了，小結衣!?
嘩啦嘩啦
嘩嘩嘩
來不及穿
睡覺的時候也比以往難哄…
啊～嘛～
啊啊啊
小結衣睡著之後，
我趕緊先手洗換下來的髒衣物&丟到洗衣機裡。
因為漏尿而弄髒的地板再擦一次&消毒。
刷洗
刷洗
嗶
噗
呼～弄好了。
啊…
……晚餐還沒煮
↑週末先買好的食材
……切
哪來時間煮呀!!
丟
老娘累死了啦
讓我休息好不好
壓力實在太大了
我回來了……

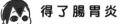

身體不舒服是因為在保育園被傳染腸胃炎。
啊～
小結衣拚命哭鬧，透過這樣告訴我她人不舒服。
啊——
不要不要不要不要不要不要不要不要不要不要—
不停搖頭
可憐的寶貝……
肚子很不舒服，屁股也刺刺痛痛的，對不對？對不對？
看到妳這麼不舒服，媽媽真的好心痛……
媽媽好想代替妳生病喔！
2天後
我被威力升級的病毒給感染了。
上吐（NEW）＋下瀉
還好吧……？
不管是腸胃炎還是感冒，帶孩子去看醫生時千萬別忘記帶口罩＋洗手＋噴灑酒精，徹底消毒喔！
嗯……
酒精
不然會跟我一樣喔。

復職之後，
我的工作時間
縮短了1個小時。
緊抓
雖說無可奈何，
但是罪惡感卻……
不管
我工作
有多努力，
咻啪啪啪
回家時胸口總是
因為耿耿於懷
而苦悶不已。
我……
我先下班
了……
非常心虛
罪惡感
辛苦了
……於是，
我和媽媽前輩
提起這件事。
午餐中
我懂
我懂～
我都懂——
可是呢，
現在的我能跟妳
說的就是……
課長
別因為縮短的1個小時
讓妳一整天的努力
化為烏有。
咚
態度謙虛
雖然不是壞事，
但千萬不要失去自信。
我覺得
妳可以稍微
輕鬆一點。
……妳、
妳怎麼哭了!?
沒有…
就只是覺得有位貼心
的主管真的很幸福。
佛心主管…

「一定要準時下班」
這對我來說，
是一件……
壓力
相當大的事。
頻頻回頭
看時鐘……
滴答、滴答、滴答…
只要距離下班時間
還剩1小時左右，
心情就會很緊張。
這個麻煩妳
幫我改一下～
好，
今天之內
要改完嗎？
嗯，
可以的話
啊
完了！
只剩30分鐘
啊～
這個也想把它
弄完……
嗯，還有
時間！
先處理完吧！
天哪～
為什麼這種時候
電腦總是
跑得特別慢，
關不了機呢？
喀噠喀噠……
猛衝
我先
下班了！
超過
10分鐘
怎麼老是
看到小愛
用跑的呢？
明明可以
早點下班
的說……
哈…
我懂。
都會想要再掙扎一下。

有孩子在根本就不太能加班，所以工作的時候老是覺得自己被時間追著跑
焦慮
說這裡要改成新的版型，明明再三確認過最後卻說不對，這樣又要重做了。
塗塗改改……
在這種時候，最讓我受不了的事情就是……
本來想在今天做完的說……唉！
妳回來了呀～啊，這是之前我說的那個嗎？
對呀！上次聽妳說了之後就想找個時間去買看看。
好好喔～什麼口味？
叫啥來著？夢幻百香水果茶～
聽到別人在聊天
喂～不過好像有點甜喔
真好，可以按照自己的步調工作。
啊，突然想到轉角那邊也有一家新開的店喔——
不錯，
超商路對面的那家
更好喝說不定——
聽妳這麼一講 我想到車站的另外一邊也有新開的店——
那家店的話，小愛說不定知道喔！
妳前幾天不是說妳有去台場店？
轉頭
口碑這種東西拜託妳們自己上網查，不要問我好不好！
我現在正在忙！還有，要聊天麻煩妳們在休息時間把它聊完!!
這種話根本就不可能對那些前輩說，
只能盡量壓抑自己的情緒來應對
啊，我覺得還算不錯喔
唉——真的嗎？
我每分每秒都很認真在工作耶
冷靜、冷靜！
事到如今我才發現，我太在意這種小事了，畢竟想要搞好人際關係就不能夠不跟人家聊天。（更何況以前的我也會聊天）
但是當時忙碌的工作所造成的壓力，以及當媽媽之後急於得到公司認同的焦慮，讓我神經緊繃，變得非常暴躁。
因此我把這個時期稱為**復職憂鬱期**。
現在的我
怒火沖天……
好啦好啦，冷靜、冷靜……

經常小跑步。

講話像機關槍噠噠噠。

覺得會議根本就不需要開這麼久。

看到家裡有小孩的男職員加班時……

※不管是哪種情況，本人都沒有惡意。

工作進展得不順利時，我總是一個人在回家路上開反省會。
懊惱
今天提出設計稿時，大家的反應沒有想像中那麼好。
是不是我的設計太過保守了……搞不好他們是希望圖案能夠創新。
悶悶不樂……
誰叫我最近市場調查沒有做好。
既然明天休息，那就到○○站的店面去看看好了！不過有點遠就是了。
雖然會犧牲陪伴家人的時間……但既然人家都讓我縮時工作了，不比別人更努力怎麼行呢？
喀啦
天哪，真希望時間能夠多一點。
怎麼覺得最近的我日漸消瘦，臉色憔悴呢……
喀啦喀啦
不行不行，今天是禮拜五，這樣胡思亂想反而會更糟。
好——
我來接寶寶了——
媽媽下班了呀！
小結衣今天一樣玩得很開心喔♪
嗯麻—
我們今天到公園去，
結果她把落葉撿起來送給我喔——
真是太可愛了♥
謝謝老師！
微笑
老師也是在工作，應該也會遇到辛苦的事情吧……
謝謝妳總是把活力分享給我。
下禮拜再見囉—
拍！
我要跟老師學習展現笑容才是。

去保育園接小孩。
我們走一段路再回家吧——
眼睛發亮
老師要跟我們一起回家對不對？
那一起走到車站前喔——
師
啊，老師再見！
工作人員
那我先走了唷——
喀喇
都走到車站了，還是黏著老師
對不起，老師要在這裡說掰掰了喔
不要——
難不成想帶老師回家嗎！
對不起佔用妳的時間
拉緊
勞希——
試讀時那麼害怕的小結衣，現在變得很黏老師……
哇——
啊——
試讀期間接她回家時
可以感受得到她們之間緊密的依附關係。
心滿意足♥
咦？
笑容
滿面
沒想到，保育園的老師給了她這麼多的愛，
讓我覺得送她去上課是對的。
掰掰——
掰掰～明天見喔～

某天下班回家路上，順便去超市……
啊！小愛小姐，晚安呀！
調理包
最近過得還好嗎？
嗯——
對……對不起，我忘記妳的名字了。
是誰呀……
呵呵。忘記了嗎？太久沒有見面了。
Before
我是之前在兒童館跟妳們一起玩的勇太媽媽。
勇太的媽媽……？
真是不好意思…妳整個人都不一樣了，根本看不出來。
沒辦法！請育嬰假時幾乎都素顏，沒有化妝。
原來這就是勇太媽媽工作時的樣子呀！
先走了有空再約——
不管是哪一種樣子，我相信一定都是勇太媽媽原有的模樣。
只是「媽媽」與「上班族」壁壘分明的模樣嚇到我了。
而我的樣子……其實跟請育嬰假時幾乎沒有兩樣，所以她才認出我，跟我打招呼
勇太媽媽好漂亮喔……
第一天上班的氣勢到哪裡去了？T恤&丹寧褲
調理包
普通背包兼媽媽包
算了，在職媽媽也是有各式各樣的

要關心病人

才復職沒多久，繁忙期就來襲……
天哪～做不完了。
還有一個小時……
叮
感冒了？
老公
我人不舒服，會早點回家
要回家了
是老公呀……
這傢伙請假請得好。
叮
了解。那你順便去保育園幫我接小結衣
寄出
前輩！我今天可以加班。
工作給我吧！
真的嗎!? 幫了大忙！
這麻煩妳了
這一天我加班加到把工作整個做完，
完成了——
回家吧——
好久沒有感受到在公司派上用場的那種暢快的存在感了。
可是一回到家，卻看見……
臥病在床的老公……
發燒38.9°C
妳回……來了
讓……讓我告訴妳一件事……
要珍惜……
病人……
對不起——
結果病情比想像的更嚴重…

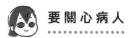

最近小結衣一直有感冒症狀
36.9℃呀……情況有點微妙。
早上量體溫
我這邊特休好像快請完了耶。
煩惱……。
……啊！我今天要開會，不能請假喔。
感覺她好像快發燒了，
但也有可能是我想太多。
總之，先帶她去保育園吧。
嗯嗯
一定會沒事的啦。
可是中午過後……
小愛，保育園打來的電話。
小結衣從中午就開始發燒，麻煩媽媽過來接。
對不起，我要先走了
保重啊～
不好意思！
謝謝老師幫忙照顧。
啊，小結衣～媽媽回來了喔——
昏沉～
明明察覺到她人不舒服，
卻沒有以孩子的健康為優先考量。
對不起，小結衣。
小結衣……
呼呼
早知如此，就讓她請假在家休息。
我對小結衣說了好幾次對不起，因為我是一個壞媽媽。
不管是上班族的角色還是媽媽的角色，都無法扮演得很完美，這種狀態讓我感到非常痛苦。
嗚…嗚…
對不起……

小結衣身體出狀況這件事
對我的打擊很大。
低聲啜泣…
每當我總是
以工作為優先時——
家裡就會
立刻出問題。
家事
育兒
家人
身體不適
不偏重任何一方，
讓兩者
保持平衡，
也是在職媽媽的任務。
自己的事
丟一旁
家庭
工作
這不是
在刁難我嗎？
放在這個
天秤上面的東西
根本就太重了啊！
天秤會整個
被弄壞耶！
我做不到啦！
啊
啪噠
這個東西
可以暫時放在
你那邊嗎？
我考慮看看…
我自己
也有我的
天秤呀……
搖搖
欲墜
工作上無法全力衝刺……
搞不好連家庭也做出犧牲？
看來這樣的糾結
是不會消失了。
而且我有預感
會與它一直糾纏下去。
糾結

復職之後沒多久，我們就訂下目標，要買公寓。
幻想園
就是現在！要買喔——
喔
可是我們當時住在東京的S區，那一帶房價都很貴。
誰要買啊！
根本就貴得不像話嘛
這麼小竟然要●000萬日圓…？
拍
家庭會議
看來要朝離開S區這個方向去想了。
……真的。
但是這時候冒出了一個問題。保育園要怎麼辦？
轉學…
好不容易找到一間還不錯的說…
妳看妳看！
整個X市的待機兒童是0人耶！
咦？真的嗎？
搬到這裡的話，說不定能申請到保育園喔！
沒錯！我再找找相關的資訊。
可是仔細一查，我發現……
……嗯？
X市認可保育園就讀狀況
不對呀！X市這個地區的認可保育園，候補人數是20人……不覺得奇怪嗎？
不管是哪一家通通都額滿，有的保育園一個班竟有20人在等…
等我一下喔，我查看看。

我知道了——這種情況好像叫做名額保留兒童……!!
什麼
名額保留兒童？
一想到申請保育園的事，就開始覺得買房子的事也讓人覺得好煩……
淚流滿面…
不要放棄！
妳想退休後還過著貸款生活嗎？
簡單來說就是……
符合想就讀的認可保育園之條件、正等待候補的孩子。
…那不就等同於待機兒童嗎？
就算是認可外，也都沒有缺額，不是嗎？
好像又不一樣。總之這區的名額保留兒童好像有3000人。
於是兩個人坐下來針對將來的事及現在的生活討論了不少。
轉到認可外保育園？
有辦法能夠讓孩子繼續念現在的保育園嗎？
雖然有點吃力仍在此地買房子？
乾脆不要買房子？延期？
那樣
這樣
礙於篇幅，無法一一詳述情況，只好割愛。
在眾多選擇當中我們最後決定……
什麼嘛！
這……
挫折
待機兒童這個詞雖然要注意，但是候補的實際人數有多少也要留意才行……
在X市買公寓，
以通車的方式繼續讓孩子念原本的保育園。
新家
保育園
搭電車10分鐘
X市
S區
然後再看X市的保育園哪一天會有缺額。
早知如此，在還沒找保育園之前、育嬰假期間就應該先買房子的～
可是～育嬰假時，我們沒有辦法一起辦貸款，所以有好有壞
不知道啦，煩啦！
正式在一如往常的生活裡加上搭車上課的這項任務，
大家光是想像，應該就會嚇到全身發抖吧？
我沒說錯吧……呵呵！但是最抖的人其實是我。

搭電車上課時邂逅的體貼

搭車上課的生活……
大汗淋漓
唔
雖然已經有所覺悟，但還是覺得很累。
當時我正處於工作的繁忙期，精神上根本就沒有餘力哄她，
而旁人冷淡的視線也靜靜地刺在我背上。
尤其是剛開始的時候，小結衣與我都還不習慣，
要看繪本嗎？
要吃點心嗎？
cookie
要看影片嗎？
每天都在尋找能讓人舒適通勤的方法。
真的很對不起，造成大家的困擾……
真的很抱歉，我不該帶孩子搭電車的……
看來搭車上學果然是一件不可能的事……
對小結衣也會造成負擔，我到底在幹什麼呀我。
有一天小結衣的情緒差到極點。
啊
呀——啊!!
我現在不想看這本書啦！
拉
在下班尖峰時間的電車上，她把繪本用力丟在地上。
啪
這裡給妳坐，好不好？

這位小姐不僅讓座給我們，
妳好可愛、好乖喔。
呵呵
而且還一直陪小結衣玩到她下車為止。
搭車上課的日子持續了半年，
已經知道人潮較少且較有座位的時間
小結衣與我也習慣了搭電車通勤，不再像以前那麼慌張。
謝…
謝謝妳，真不好意思。
但是我沒忘記，當時讓座的小姐、用掛在包包上的娃娃陪小結衣一起玩的女高中生、點心掉到地上時幫我撿起來的上班族，還有看到小結衣流鼻涕，特地拿出面紙給我擦的那位大叔。
雖然拚命強忍著淚水，
但是這份體貼卻還是讓我熱淚盈眶。
因此我想把從他們身上得到的體貼……
啊呀呀…
哇~
哇~
後來就沒再遇見過那位小姐了。
下次見囉，掰掰~
盡量轉送給下一個需要的人。
這裡給妳坐，
我下一站下車……
咦！真不好意思
我想成為一個這樣的人。

早上的會議
B組的山田小姐住院了，必須請假1個月。
什麼？
所以山田小姐原本負責的包裝確認工作，
要麻煩小愛小姐代理一段時間了。
我？
山田小姐住院要不要緊呀……
原來她做的是這樣的工作……
工作手冊
如果是以前的我，要是有人把工作丟過來，
為什麼是我～？
搞不好會因為不滿而脫口說出這樣的話。
產前
但是，在我請假的這段期間，應該也是有人像這樣幫我處理工作。
這麼想的我，便坦率地接下了這份工作。
不管是誰，都有可能會請長假的，請的未必是產假或育嬰假。
傷病、看護等都是…
工作就是要這樣一邊互助合作，一邊運轉。
所以這項任務我要努力一點看看能不能償還請育嬰假這段期間的恩情。
這麼一想，心中又充滿了幹勁。
她已經超過下班時間了耶……
嗚喔喔喔喔
加油吧！

早上急著出門，到公司的時候先生打電話來。接起來看看是什麼事，結果電話那頭不僅傳來了警報聲，還有孩子哭鬧的尖叫聲，以及先生焦急的說話聲……。原來我出門時不小心啟動了保全裝置，以致先生帶孩子出門時警報器大響。剛搬來這個家的我們，根本就不知道要怎麼關掉警報器，結果警衛衝到家裡來，真的是一大早就災難連連。——————Jibu

我們住在只有樓梯的公寓裡，而且還是3樓，所以上下樓梯的時候，嬰兒推車還有我女兒（她10公斤）都要用扛的才行。禮拜一準備去上課時，走到樓下才發現忘了帶午睡用的大毛巾。此時的我簡直是五雷轟頂，萬念俱灰……（泣），只好強忍著淚水，扛著嬰兒推車上樓去拿。可是下了樓梯之後，卻又發現保育園要用的茶杯也沒拿……（眼神死）。害得我隔天全身肌肉痠痛，手快斷，腿已殘。——————Wan

我到了晚上，才發現衣服背後貼了一張閃閃發亮的貼紙。一想到自己這一整天都穿著那件衣服送小孩上下課、搭電車還有上班，羞愧的我實在不知道該如何面對明天。但是我相信會遇到這種情況的媽媽，絕對不會只有我一個，對不對？——————小羞

好尷尬！

在職媽媽的失敗經驗談

曾經在WEB看過，連載漫畫的讀者在問卷當中，
與大家分享現在回想起來會讓人噗哧一笑的失敗經驗談！

在看護機構上班的我，去年在職場的尾牙活動上，與同事一起在長輩面前表演泡沫舞。熱舞的時候，我們臉上都化著粗黑的眉毛、藍色的眼影，還有像是掛上兩條香腸的大紅色口紅。之後雖然有卸妝，但是我們的工作真的很忙，卸妝時那些長輩要是有事找你，還要趕快回應……，所以在卸妝的過程當中，我們根本就是帶著妝跑來跑去。因為工作的關係，我們都會一直戴著口罩。而當我戴著口罩去保育園接小孩，女兒跑過來大喊「媽媽～」的時候，我的口罩竟然滑到下巴（那時候武漢肺炎／新冠肺炎還沒盛行）。不知道為什麼，臉上的妝還殘留著那宛如香腸嘴的口紅沒有卸乾淨……女兒跟老師都嚇呆了（淚）——ketty327

事情發生在，為平時吃得不多的女兒準備保育園遠足便當的時候。當時便當盒裡放了一個小小的飯糰，還有女兒喜歡的煎蛋捲及熱狗。可是遠足回來之後，打開便當盒一看……怎麼多了一個陌生的配菜杯，還有小叉子？一問之下，女兒說便當不夠吃，所以老師分了一點給她，看來在外野餐食慾果然會大開。而心裡頭這麼想的我，也因為女兒的便當不夠吃而汗顏無地。——————madder

在武漢肺炎疫情期間，我們公司鼓勵員工在家上班，所以我就讓孩子在家，自己照顧。分流限制趨緩之後，已經3個月沒有進公司的我，必須在上班之前先將孩子送到保育園才行。但那時候心裡頭不知道在想什麼，竟然帶著孩子一起搭上電車，一直到換車時才發現事情不對勁，趕緊跑回原路……謝謝把這件事當作笑話的公司，還有幫我照顧孩子的保育園——————安茶

好尷尬！

在職媽媽的失敗經驗談

我們家的2歲女兒非常像女孩子，心思相當細膩，不是一邊嘆氣一邊陪我摺衣服，就是一邊學我說「好啦好啦」，一邊幫哥哥準備換洗衣物。有一天，她幫了我一個意想不到的忙，我想這應該是因為她看我為了準備東西每天都忙到焦頭爛額的關係吧。「媽媽每天早上都會放的手帕，今天忘記放到包包裡了。」在公司正準備上洗手間時，一邊與同事聊天，一邊從包包裡摸出的那塊布……竟然是女兒可愛的小內褲！看來身為女兒的她，應該是想要幫每天都會忘記放手帕的媽媽，把手帕塞到包包裡吧。可是塞錯東西的情況不是只有一次，還發生了第2次、第3次……讓我完全成為公司的笑柄。自此之後，大家只要看到我，就會問：「今天也是內褲嗎？」——————————————————yucco

女兒出生之後我回娘家坐月子。當時，整個孕程讓我胖了16公斤，遲遲瘦不下來的我，於是毅然下定決心減肥，還在網路上訂了一個空氣跳繩寄到娘家。正當想著「東西怎麼還沒到」的時候，公司的前輩在LINE傳訊息給還在請育嬰假的我：「有人寄跳繩給優圓小姐喔！」……因為在公司我是用本姓，送貨的人沒有仔細做確認，就把東西寄到公司去了！我頻頻向前輩道歉，並且請她有空的時候再用貨到付款的方式把東西寄給我，後來隔天東西就到了，而且前輩還幫我墊運費。幸好買了跳繩，我才得以恢復原來的體重，也順利復職，回到公司上班！————————————————優圓

這是關於紙尿布的事件。學校規定每一片紙尿布都要寫上名字，可是我全部都寫成自己的名字（笑），而且完全沒有發現，直到老師偷偷告訴我為止……。所以，我趁這個機會買了姓名章。——————穗乃凜的媽媽

去保育園接了小孩之後，我急急忙忙地跑到超市買菜。買完東西趕回家一看，才發現買來自己要吃的那一大包小魚乾，竟然是給寵物吃的。——————hinahanayoumam

PART 2

開心的一家人

從保育園把孩子接回家之後第一件要做的事，
小結衣，妳先在這裡玩喔！
咻
要煮快一點
就是準備小結衣的飯……
再、再等我一下喔～
慌張
慌張
當時小結衣正處於用手抓東西吃的時期，
吃的飯菜大概是這樣。
用海苔將白飯還有柴魚片夾起來切成一口大小的海苔飯糰
茶水
大量冷凍蔬菜做成的豐盛蔬菜濃湯
烤魚之類的配菜
小結衣很愛吃，
每次都會津津有味地把我準備的飯菜吃光光。
啊嗯
啊嗯
看她吃得這麼開心……
天哪……
這飯看起來
好好吃。
自己等等才能吃，但已餓到肚皮貼後背了。
吞口水……
咕嚕
咕嚕嚕嚕嚕嚕嚕
塞
已經吃飽，失去集中力了
啊嗯嘛
偷拿
……
偷吃1歲小孩的飯
微笑
？
對不起…不過妳的海苔飯糰真的好好吃
天真無邪的笑臉加深我的罪惡感

小結衣的散步熱潮

小結衣走路變穩之後，
散步時看起來很開心。
搖搖
晃晃
啊啦～
從保育園回家的時候也是……
啊嗚
啊嗚～
妳想下來是不是？
回家路上會在公園散個步。
那我們稍微走一下吧——
呀～
像這樣好好陪她在外面走一走，以彌補白天沒有辦法和她在一起，這段時間不僅珍貴，而且還非常幸福。
葉子！
葉子！
葉子耶——掉了對不對——
要讓她多看、多接觸，因為這些都和小結衣的成長密不可分……
葉子！
感觸頗深的我，一直望著那可愛的身影。
可是……
小結衣該回家了喔……
噢
噢
葉子！
快樂時光的反作用力也相當大。
要回家了喔!!
不要～
啊——
啊——
（我還要玩啦～）
啊——
每天都要耗盡體力才能把她拉回家。

某個平日回家準備煮晚餐的時候，
我們回來囉～
小結衣 妳在這裡邊玩邊等！
打滾
哎呀 難得耶
打滾 打滾
等一下……
難不成她是在…
假日
我回來了—好累喔！
愣—
她在學假日的我！
滾來滾去滾來滾去滾來滾去……
大字攤—
原來孩子都在旁邊看著呢。
聽說她在保育園也常這樣。
懶散
小結衣!?
小結衣的鞠躬
是寶塚歌舞團的小姐風格（非常高雅）
妮好～
我躲窗簾
你找不到我
嚇人熱潮
哇！
喜喜喜喜
喜喜喜喜
喜

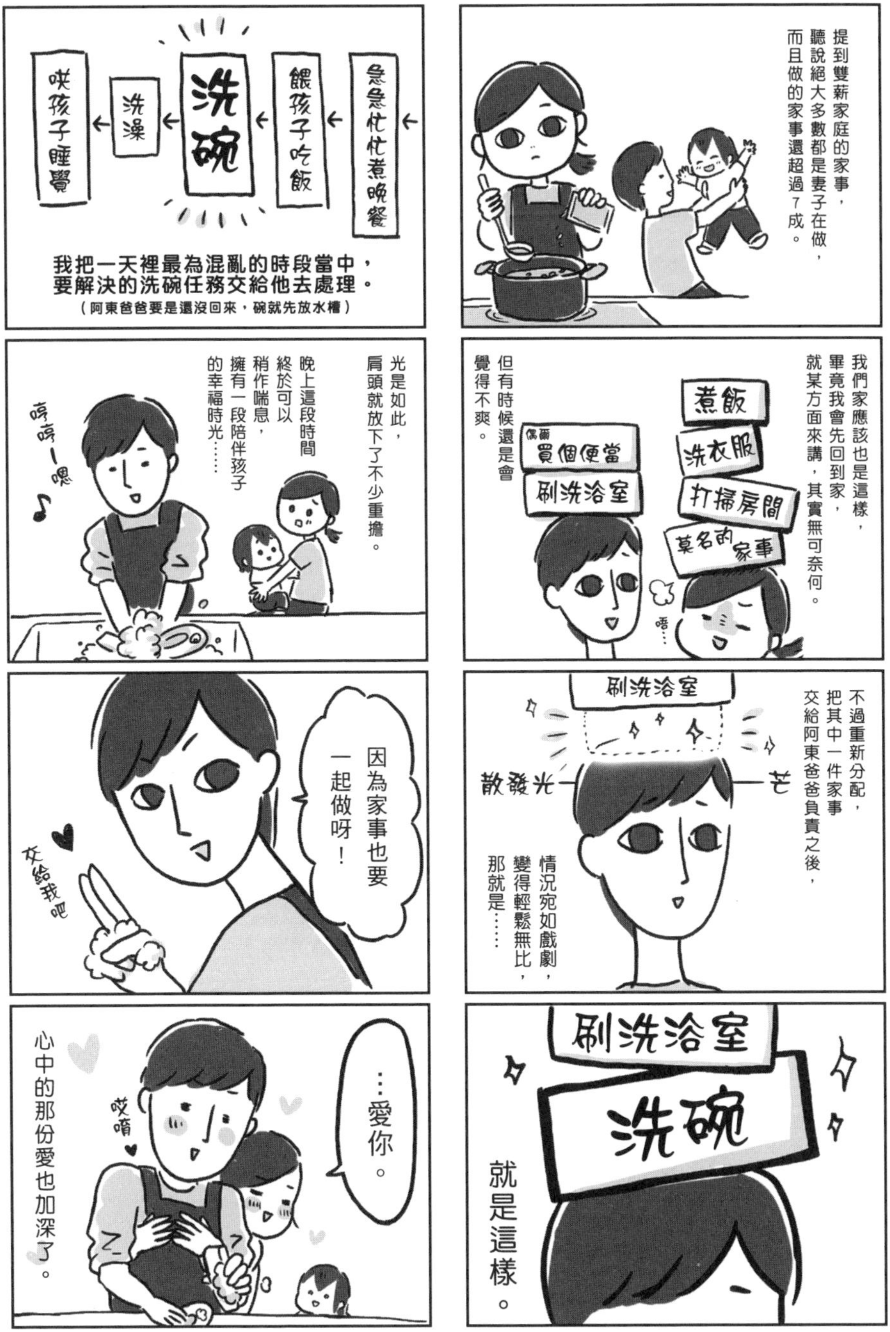
提到雙薪家庭的家事，
聽說絕大多數都是妻子在做，
而且做的家事還超過7成。
我們家應該也是這樣，
畢竟我會先回到家，
就某方面來講，其實無可奈何。
煮飯
洗衣服
打掃房間
莫名的家事
唔……
但有時候還是會
覺得不爽。
偶爾
買個便當
刷洗浴室
不過重新分配，
把其中一件家事
交給阿東爸爸負責之後，
情況宛如戲劇，
變得輕鬆無比，
那就是……
刷洗浴室
散發光芒
刷洗浴室
洗碗
就是這樣。
急急忙忙煮晚餐
餵孩子吃飯
洗碗
洗澡
哄孩子睡覺
我把一天裡最為混亂的時段當中，
要解決的洗碗任務交給他去處理。
（阿東爸爸要是還沒回來，碗就先放水槽）
光是如此，
肩頭就放下了不少重擔。
晚上這段時間
終於可以
稍作喘息，
擁有一段陪伴孩子
的幸福時光……
哼哼～嗯
因為家事也要
一起做呀！
交給我吧
……愛你。
哎唷
心中的那份愛也加深了。

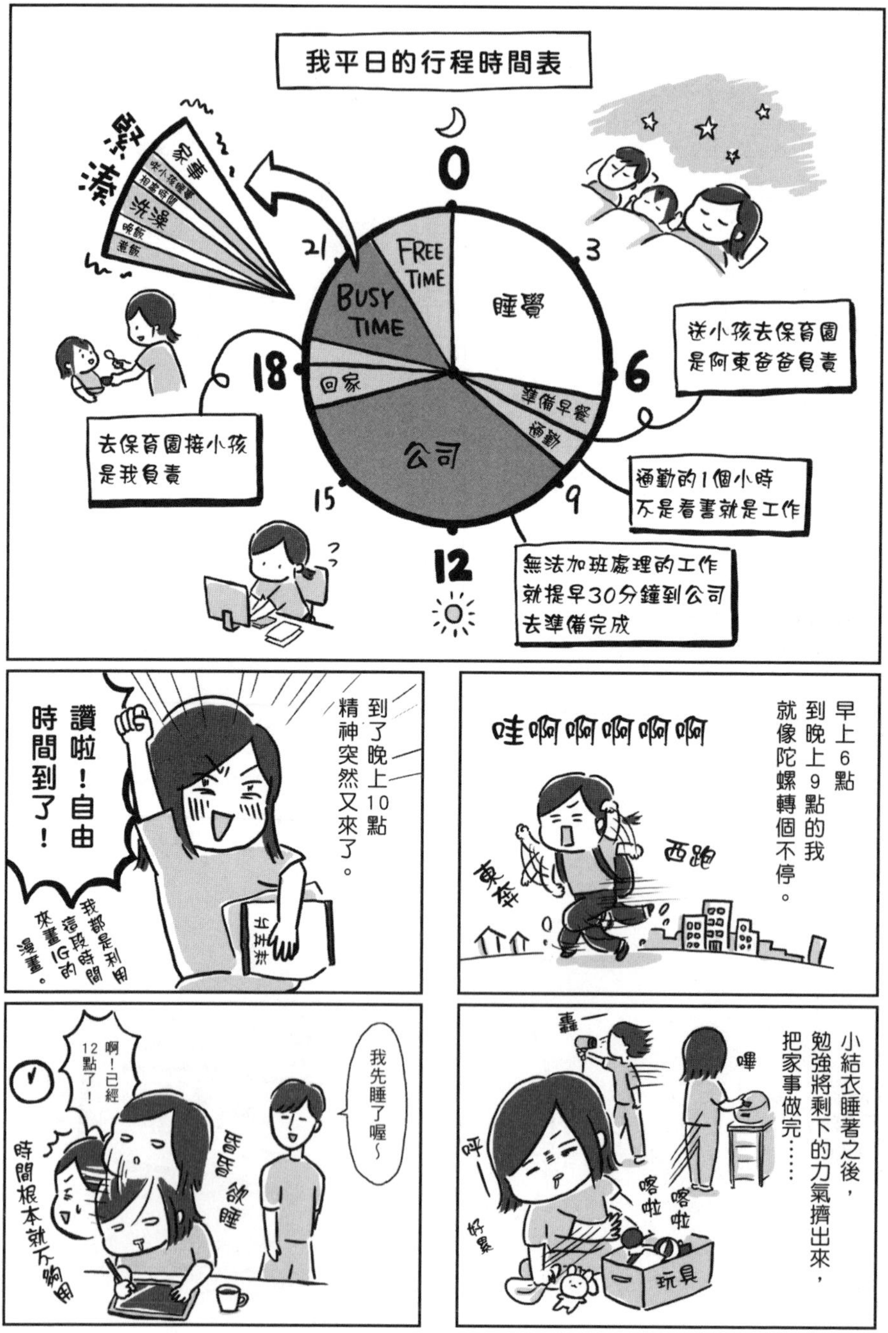
我平日的行程時間表
0
3
6
9
12
15
18
21
睡覺
準備早餐
通勤
公司
回家
BUSY TIME
FREE TIME
緊湊
家事
哄小孩睡覺
相處時間
洗澡
晚飯
煮飯
送小孩去保育園
是阿東爸爸負責
通勤的1個小時
不是看書就是工作
無法加班處理的工作
就提早30分鐘到公司
去準備完成
去保育園接小孩
是我負責
早上6點到晚上9點的我就像陀螺轉個不停。
哇啊啊啊啊啊
東奔
西跑
到了晚上10點精神突然又來了。
讚啦！自由時間到了！
我都是利用這段時間來畫IG的漫畫。
小結衣睡著之後，勉強將剩下的力氣擠出來，把家事做完……
轟—
嗶
呼—
喀啦
喀啦
好累
玩具
我先睡了喔～
啊！已經12點了！
昏昏欲睡
時間根本就不夠用

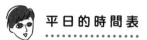

不小心睡著的隔天早上

我們家是這樣哄小孩睡覺的。
翻來覆去
翻來覆去
躺在旁邊等她滾到睡著。（大約5分鐘就會睡著）
等小結衣睡了之後，我再去把半乾的頭髮整個吹乾、敷個面膜……
昏昏欲睡……
整理家裡、洗米、煮茶……
摺衣服、查一下工作的資料、寫日記……
呼……
可以的話就再畫個漫畫，有時間的話，也想看一下錄的電視節目。
時間穿越到早上
完蛋了～～！
隱形眼鏡
啾 啾
整理房間！米！茶！
啪
冷卻的茶
整理好的房間
嗶嗶
摺好的衣服
飯煮好的提醒聲
老公他……
應該很晚才回來吧。謝謝你……
真男人……
呼
只有我自己的面容，已經無可救藥了。
頭髮粗糙
蓬頭 垢面
以後哄小孩睡時先把隱形眼鏡拆下來吧……
皮膚乾燥
雙眼充血……
代價也太大了

小結衣討厭剪指甲。
但是保育園規定，小朋友週末一定要剪指甲。
我不要
拚命搖頭抗拒到底
1歲左右開始用的抓握式指甲刀
雖然可以晚上趁她睡覺的時候偷剪，
但是燈光那麼暗，也怕會吵醒她，
啊…
根本就是令人為難的週末作業。
外出的時候，趁她午睡這段期間偷剪。
怎麼樣？
我想到了！
贊成！
到了週末
在購物中心
小結衣睡了，讚啦！
趕快先吃碗拉麵！
我喜歡這雙鞋子！
試穿
我也好想買一雙新皮鞋喔～
睡得很香
新開的珍珠奶茶飲料店！
那就排隊吧！你要喝什麼？
TAPI。
入口
啊，醒了。
哇—
啊，指甲…
笨蛋。

斷奶後的ㄋㄟㄋㄟ狀況

進入保育園後沒多久，
小結衣就完全斷奶了。
ㄋㄟㄋㄟ？那是什麼
好寂寞喔……
斷奶
差不多過1個月，我的ㄋㄟㄋㄟ整個縮水，
為這人生最寶貴的巨乳時代畫下句點。
哺乳中
斷奶後
豐滿
然後，左右乳頭的大小整個變調。
小結衣現在看到ㄋㄟㄋㄟ都不會有反應耶。
真的嗎？前一陣子明明都還會撲過去討奶吃的說。
妳看妳看！小結衣這是什麼？
羞恥心0
袒胸露乳
妳的乳頭……
右邊是鹹梅乾，
鹹梅乾!?
左邊是蔓越莓。
蔓越莓!?
變成不管是小結衣還是老公都不會飛撲而來的乳頭了。
小結衣妳要去哪裡？
我要在那裡玩

因為是第1個孩子，所以1歲過後，
小結衣的早餐我都會相當用心為她準備。
副食品後期的基本早餐菜色
牛奶
配料豐盛的燴飯
優格
但早上這段期間根本就是在跟時間跑百米，她要是不吃又有何意義？
飯都要餵好久……
噗—
於是我重新檢視菜色
一口接一口
就是這個！
麵包的話她可以自己吃，這樣就能節省時間了！
1個月後
湯會打翻，所以改成更容易進食的形式好了！
吐司邊太硬，要花很多時間嚼，換成軟一點的麵包吧。
湯
切成條狀的吐司
牛奶
3個月後
她蔬菜的吃相不太好看，換成水果吧！晚上再讓她吃蔬菜。
給她麵包就好，不要夾蔬菜泥了，不然她都只吃料。
小餐包夾地瓜泥
水煮蔬菜、番茄
半年後……
……
麵包
香蕉
講求效率到最後，
結果只剩麵包與香蕉。
香蕉吃膩了。
對不起
……
丟
然後最近小結衣對香蕉也開始興趣缺缺了。

早餐吃得有格調的憧憬

有時候，在ＳＮＳ上會看到有人非常用心地為孩子準備餐點。
※兒童餐點
oshare-mam
1 year Breakfast♥
超級有格調！
總覺得……我好像不能再這樣下去了……
擺明就是速成早餐
香蕉（只有剝皮）
小餐包加起司片（只放在上面）
牛奶（略）
心靈受傷
激動顫抖……
於是某個星期六……
睡眼惺忪。
小結衣，早安！
今天的早餐是鬆餅、
綜合莓果、優格、
還有媽媽打的思慕昔。
我們來吃早餐吧——
欣喜雀躍
營養滿分喔！
趕快吃，趕快喝！好不好吃呀？
喝下
嗯？
咚
我要妞奶。
（翻譯）我要平常喝的牛奶。
啊，小結衣！妳把鬆餅弄碎了啦？
不可以玩喔
天哪～優格妳給人家弄得到處都是
兜隆兜隆
結果得到的是一堆髒衣服。

這個社會為忙碌的媽媽提供了許多服務。
食材宅配服務
試煮包
宅配熟食
可口美味
例如，配菜食材包。
但是有時卻會遇到這種情況。
今天太晚搭上電車，
晚回家就算了，
還是得跟狗一樣，
叫老公買便當回來好了……
我最先嘗試的配菜食材包，每天都會送來一餐份的材料與調味料，
MEAL KIT
只要把菜切好、加熱煮熟，就能夠完成一道晚餐的配菜。
配菜食材包一直堆著沒煮，
呼……今天也有
不用絞盡腦汁想菜色，真的很輕鬆，
看我的～
叮
冰箱也漸漸越塞越滿……
妳過來一下，這菜葉已經開始爛了不是嗎？
擺著擺著，食材也爛了……
而且還能夠享受一頓營養均衡的飯菜。
大滿足…
……不想煮的話早點解約不是比較好？
……好
就算是配菜食材包，也無法彌補我的懶散。

小結衣的飲食內容從副食品進展到幼兒餐，
也開始慢慢用餐具自己吃飯了。
啊——姆
掉
欸唷
打翻
唷
丟
抹抹抹抹抹
稀飯面膜
連日的飯粒雨
揮
撒
噗
哇——塞到嘴巴裡了！
小結衣好厲害喔！
可以自己好好吃飯了耶～
吃
拍手 拍手
副食品時期邊吃邊玩的日子⋯
我終於熬過來了。
泛淚⋯⋯
小結衣是一個會想要自己吃飯的孩子，好孝順喔～
保育園的老師平常都有在教，所以她也會用湯匙吃呢！
咦？妳怎麼哭了？
我就是喜歡這樣，
你總是會用這麼貼心的話來慰勞我。
嗚
哇
是沒錯啦，不過最大的功臣，
還是在她邊玩邊吃的時候，一直在旁邊陪她、教她的妳吧？
老公的一番話，讓我察覺到自己過去辛苦付出的一切，
不禁想要好好稱讚自己。
看到這篇漫畫的爸爸，請一定要用體貼的話語好好讚賞日日辛苦的媽媽喔！

老公跑去聚餐，
是育兒媽媽們的天敵。
這麼說其實一點也不為過。
我也喜歡小酌一番，自認為懂得老公想去聚餐的心情。
沒錯，直到這一天為止……
老公的公司常常聚餐，想說人在江湖，身不由己，所以我總是默默承受。
今天是部長的送別會。
明天則是高中同學要上東京，所以我們會去喝一杯。
後天要跟客戶去聚餐。
其實我也不想這麼常去聚餐，但是沒辦法。
了解—
有一天，我和小結衣兩個人都感冒了。
無精打采…
不行……再這樣下去我們兩個都會倒下去的……
尖叫—
喂～我感冒了，頭有點痛，你可以早點回來幫我嗎？
哭
可是……今天是我部門異動的送別會，不去不行耶……
呃……
那個，送別會……非去不可嗎？
嗯……
是部門異動的送別會，對吧？那又不是以後都見不到大家了，不是嗎？不能不去嗎？
啊呀—
大家都為了我把時間空下來了，
而且餐廳也預約好了，這個時候更不可能取消訂位呀。
妳自己也有在上班，應該很清楚吧？
我理智斷線
你寧可拋下臥病在床的妻子也要去聚餐嗎!?
那跟孩子還沒生的時候有什麼兩樣？
既然當了爸爸，遇到這種情況，沒薪水的聚餐就該拒絕，乖乖回來顧小孩！
結果那一天，老公還是去聚餐了。
隔天早上
生悶氣…
怒火中燒…
看來應該是有難以推辭的原因吧。
破壞夫妻關係的聚餐文化，真的是一個大難題。
不要這麼不耐煩嘛

不過話又說回來，當時我的口氣確實比較衝，
你就不要給我喝到爛醉才回來
我知道這種飯局不好拒絕，但是稍微體貼我一些是會少塊肉嗎？
認真
你們公司的送別會，要是改成送別午餐，不要晚上聚餐喝酒，
…你覺得如何？
只要跟公司的人講一下，說「是太太叫我早點回家，我們下次再聚餐好了」是會怎麼樣？如果我是主管的話，一定會這麼說!!
坦白講，我也明白…與其說是老公或者公司不對，真正惡劣的，其實是難以拒絕聚餐的日本文化啦！應該痛恨的是聚餐文化!!
啊，我要青花魚定食
老闆！
今日午餐是什麼？
要加點飲料的人～
要加點甜點的人～
我也是！
為什麼一定要聚餐？別的活動不行嗎？就算真的很想送別，為什麼一定要選晚上……
想到了…
不是，那個吼……坦白說根本就不可能。
上班族沒有人會整群一起去吃午餐的啦！
行不通呀…
切
阿東爸爸呀！
你過來一下
嗯？
啊—昨天，抱歉掛妳電話，
跟大家喝酒喝得太開心了……
我知道你非去不可啦。但是我人真的很不舒服……抱歉說話那麼衝。
雖然和解了，卻也留下疙瘩在心頭。

睽違3年，我又感染膀胱炎了。
這是身體疲憊到極限的訊號……
雞皮疙瘩~
嘩啦~
接她下課後到小兒科
他是小銃的叔叔啦~
呀啊啊啊啊
接著又如往常地接到保育園的電話。
呃啊啊啊啊啊
沮喪
學校又打來了呀
應該是喔
到超市・藥局買東西
好啦好啦，我們快到家了 忍耐一下喔~
水果→
←2ℓ的飲料 果凍etc……
姑且先請老公幫忙。
小結衣好像又發燒了，你能去接她嗎？
今天要跟客戶洽談，沒有辦法耶！
照顧生病的小結衣
多少讓她吃一點飯
哇
呀
多讓她喝水
吸鼻涕
餵她吃藥
哄她睡覺……
早退・任務交接
對不起，每次都麻煩妳
我下午沒有辦法開會，資料在這裡
沒關係啦 OK~
我回來了，抱歉這麼晚回來，還好吧？

我看妳好像還好嘛!?
不……我得了膀胱炎一直會覺得冷。
全身發抖
還有，真的很抱歉！明天公司無論如何就是沒辦法請假。
太忙了！
……你，為什麼……
可以像以前一樣工作呢？
而且還這麼為所欲為，加班之後跟同事去聚餐，可以請假的時候才請假。
我也跟你一樣，沒有那麼容易請假你知道嗎？
明明都是家長，為何這麼不公平？我也有在認真工作呀……
哇啊啊啊啊
啊啊啊啊啊
其實我今天真的有一個重要的會要開……努力準備的資料也只能讓它草草收尾。
哽咽
偏偏這個時候就是會遇到這種事……
我真的好擔心總有一天公司不會再給我工作……
抽抽搭搭
啜泣…
原來如此…
嗚嗚嗚……
對不起……對不起啦……
輕拍
誰叫你碰我的！你這個混帳東西！
粗暴
誰跟你說我現在需要的是安慰！
揍下去
嗚

隔天，老公打電話跟公司請假。
是的，孩子她人不舒服……
幸好有他在家照顧小結衣，我才有辦法到醫院拿藥，
藥局
痛痛痛……
看完病之後再到公司上班。
妳回來啦—小結衣她已經好多了喔—
今天謝謝你……幸好有你在。
我呢……
以為公司會一直為了公事找我，沒想到竟然一通電話也沒有……
因為下屬都替我處理好了……
看來就算今天沒有去上班，公司還是應付得來。
我應該也不是不能請假，可能只是不好請假而已。
看來我要試著轉個念，小結衣有事情的時候，也要盡量請假照顧。
我就是喜歡你一聽就懂這一點!!
原本毫無默契的兩個人，同心協力的這種感覺，似曾相識……
啊!
是那時候
剛生完小孩那時候!
0～3個月左右
呼—
為什麼這個人可以睡得那麼熟呀……
真是夠了～
那個時候也是戰火連連，火花四濺。
為什麼老是我在犧牲你就不能多幫我一些嗎?
我這也有一堆事情要做啊!!
好不容易才克服種種難關。

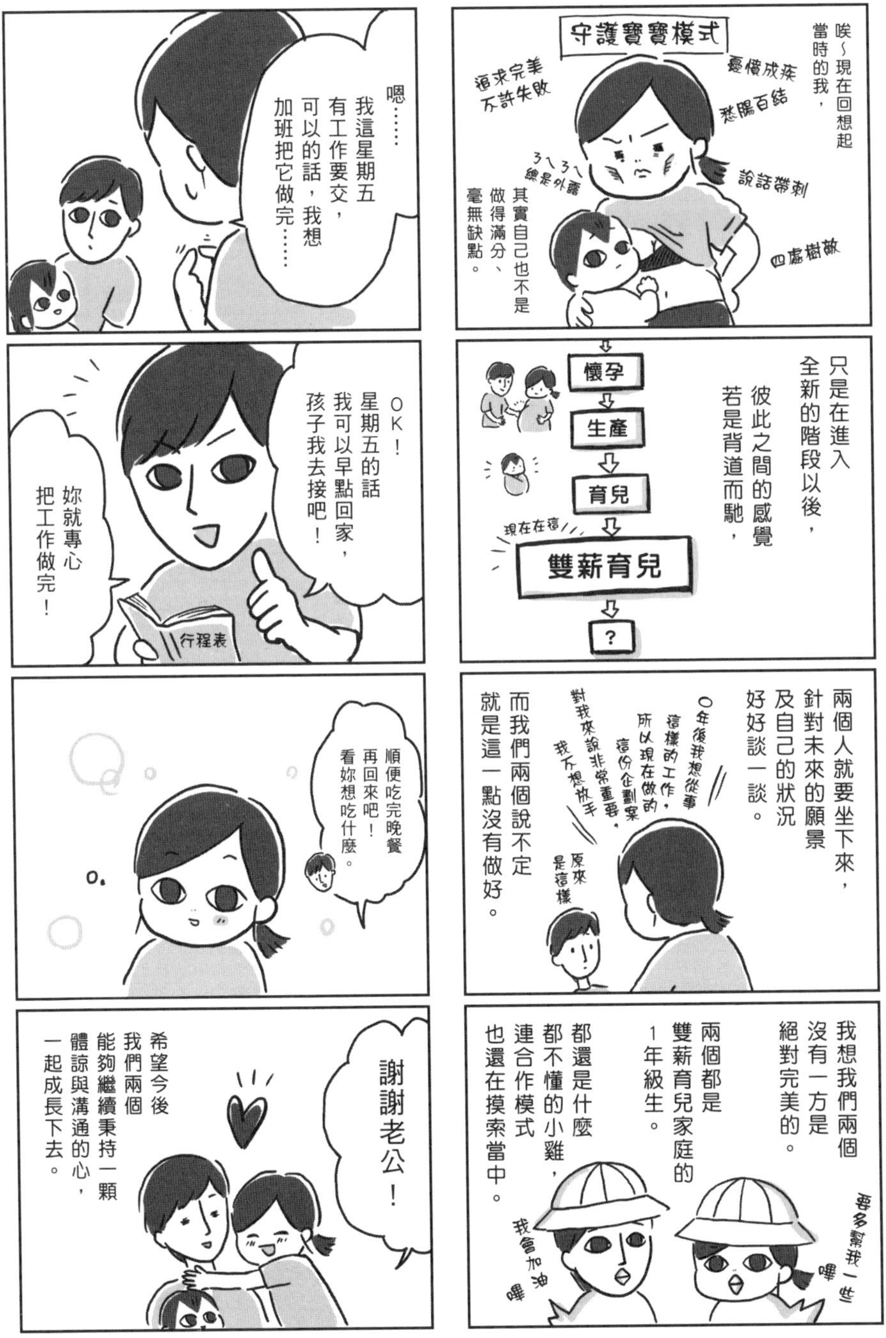

唉~現在回想起當時的我，
守護寶寶模式
追求完美不許失敗
憂慮成疾
愁腸百結
說話帶刺
四處樹敵
ㄋㄟㄋㄟ總是外露
其實自己也不是做得滿分、毫無缺點。
只是在進入全新的階段以後，
彼此之間的感覺若是背道而馳，
懷孕
生產
育兒
現在在這
雙薪育兒
?
兩個人就要坐下來，針對未來的願景及自己的狀況好好談一談。
○年後我想從事這樣的工作，所以現在做的這份企劃案對我來說非常重要，我不想放手
原來是這樣
而我們兩個說不定就是這一點沒有做好。
我想我們兩個沒有一方是絕對完美的。
兩個都是雙薪育兒家庭的1年級生。
都還是什麼都不懂的小雞，
連合作模式也還在摸索當中。
要多幫我一些嗶
我會加油嗶
嗯……
我這星期五有工作要交，可以的話，我想加班把它做完……
OK!星期五的話我可以早點回家，孩子我去接吧!
妳就專心把工作做完!
行程表
順便吃完晚餐再回來吧!看妳想吃什麼。
謝謝老公!
希望今後我們兩個能夠繼續秉持一顆體諒與溝通的心，一起成長下去。

平日晚上的幸福時光

平日晚上
呼—
好累喔
阿東爸爸晚歸，所以我們一如往常兩人共浴
小結衣，唱歌給媽媽聽吧！
兩隻老虎 兩隻老虎
拍
跑得快—
好可愛~
轉
一隻沒有耳朵
一隻沒有
尾巴
悄悄地
點頭
真奇怪、真奇怪！
我回來了~
啪
驚嚇
拍
呼~
哈~
噗
HEY
兩隻老虎、兩隻老虎，跑得快~
轉圈圈
第二遍
阿東爸爸只要早點回家
一隻沒有尾巴
呼哈哈哈
真奇怪
真奇怪
HEY!
家裡的氣氛就會變得開朗，疲憊瞬間消散

只要出去外食，假日的活動範圍就會變大讓人開心無比。
我要漢堡排特餐 加點自家烘焙麵包套餐
我要起司漢堡排
好的
小結衣～妳吃我們帶來的飯喔——
先來吃吧—
來，擦嘴巴
漢堡排特餐來了。
麻煩妳先放在這裡。
好，啊—姆
哇，好快！
啊…那不是漢堡排嗎？
小結衣，妳的是這個喔！
啊—姆
好…
好啦好啦！
不好意思，請給我小盤子。
嗯嗯—
咯噠
手伸長
驚慌失措
你給她吃這麼多，這樣自己不就不夠吃了？
啊——不用啦…
津津有味
我分你一些吧！
空
這個還有剩，
沒關係、沒關係！
再一口
那個是小結衣的
嗯 好吃耶！
豪吃
老公呀，你這樣好嗎？

時光一去不復返

育嬰假期間，
我們兩個每天24小時
幾乎都膩在一起，
輕鬆愉快
復職之後，
平日一天只能陪她
4個小時。
（小結衣沒有睡覺的時候）
洗澡了！
衝啊——！
快點——！
噠噠
噠噠
這條路是我自己選的，
所以我沒有怨言。
穿衣服～
溜——
但坦白說，
我還是希望
能夠不要這麼緊張，
多陪陪小結衣。
爬爬爬爬
啊～
態度粗魯
我每天都覺得……
人的時間真的
非常有限而且珍貴。
已經這麼晚了……
而在這樣的生活當中，
我又能為小結衣
做些什麼呢？
好啦——
睡衣
穿好了喔——

我想我能做的，
妳要看這個嗎？
嗯
不倒翁
那睡覺之前，我們再多看一點吧～
歡天喜地
就是不管時間有多短，都要盡量回應小結衣的要求，
讓她感受到更多的愛。
我最喜歡小結衣了～
晚安～
我愛妳喔！
拍
拍
能做的雖然不多，
小結衣～媽媽來接妳了
但是只要看到如此可愛的笑容……
媽媽
我就會覺得她一定感受到我的愛了。

現在正是犒賞時間。
睡得香甜
吸吐— 吸吐—
可愛感覺反芻中
天哪——寶寶的睡相為什麼會這麼可愛呢？
嗯～這種毫無防備的感覺，令人難以招架。
呵呵呵
因為靜止不動，看起來反而更可愛了。
不過活蹦亂跳的也很討人喜歡！
沒錯。
為了這張睡臉，就算赴湯蹈火，我也在所不惜！
啊——我懂我懂～
可以……偷親她一下嗎？
你不要吵醒她喔！
啾
咕噥咕噥……
吼！就跟你說別吵醒她！
喂
那我們兩個也順便……
啾
咕噥咕噥
嗯—
你把她吵醒了啦！
感覺明天也能繼續努力下去。

我們家女兒打從一出生，不管是換尿布還是換衣服，有時候會大喊大叫、手腳一直亂動。不過那時候的她還不會說話，所以我擅自幫她加上「好丟臉喔——！」這句台詞。（笑）把這種情況想像成是因為丟臉而暴動的話，就會讓人覺得很可愛，而容許她的暴動。

——————Jackie

我們家小孩吃飯的時候，配菜都是先微波烹調，然後再用雞湯粉或者是烤肉沾醬之類的萬能調味料來調味，這樣就能迅速端上桌了。像是小朋友不太敢吃的青椒，我就會先用微波爐加熱，除了調味料再加上一撮糖，這樣味道就不會那麼苦，而且滋味香醇順口，更容易吃下肚喔。——————madder

蔬菜放冷凍

蔬菜切好之後，我都會少量分裝，然後把它們丟到冰箱裡冷凍。日後若是想吃蔬菜，就可以把那些冷凍蔬菜丟到鍋子裡煮味噌湯。這樣連根菜類蔬菜也會一下子就煮熟，更不用擔心都沒有吃到蔬菜。這可是我的祕密武器呢。

——————茉醬

傾囊相授不藏私！

家事育兒的好主意

曾經在WEB看過連載漫畫的讀者，在問卷當中傾囊相授不藏私，與大家分享家事育兒的好主意，幫助忙碌的爸爸媽媽天天度過難關！

還能派上用場喔！

家裡的孩子進入幼兒餐時期之後，原本想說把以前在做副食品時，可以將處理好的食物做成冰磚的製冰盒丟掉。不過那時候突然想到：「對吼！可以用來做冰沙呀！」於是我把加了糖蜜及果醬的優格攪拌之後，倒入製冰盒裡做成冰磚，要吃的時候只要微波20秒，再整個搗碎，優格冰沙就大功告成了！如果用低脂優格做，就能做出一道熱量低、吃起來毫無罪惡感的點心了！所以我每天都在用冰沙這個類似釣魚的作戰方式。「嗯？你要吃冰沙？那先把東西整理好喔！」「嗯？你想吃冰沙？那我們回家吃吧！」而另外一個用法專屬大人，那就是把黑咖啡做成冰磚，這樣就能夠趁孩子午睡的空檔，來杯就算冰塊融化，味道也不會變淡的咖啡歐蕾，享受一段慢慢啜飲咖啡的幸福時光……！大大的冰磚不僅可以營造出咖啡廳的氣氛，喝起來更是暢快無比！（笑）——豆沙媽

我們家平常用的毛巾，要是變得破爛不堪、又乾又硬的話，擦臉的毛巾我會剪成一半，擦手巾的話我會摺成一半，這樣就能當作抹布來使用了。家裡的小孩子吃飯常常東掉西掉的，害我每次吃完飯都要擦地板。以前我習慣用濕紙巾，但是用抹布的話就可以重複使用，更加環保。而且擦的時候不需顧慮太多，以CP值來講，重複使用的效率還算不錯喔！——————真紀

毛巾重新裁剪成抹布！

我會把廚餘放在冷凍庫裡冰著。或許有人排斥把垃圾丟到冷凍庫裡，但是要冷凍的是還沒腐爛、處於新鮮狀態的食物，根本就沒有臭味。夏天的時候，在廚餘上飛舞的蚊蠅往往令人皺眉，可是這些廚餘只要一冷凍，就不會有蚊蠅孳生的問題，所以我們家的冷凍庫都會留一個空間來冰廚餘，大家一定要試看看，這樣就能夠擺脫臭味與蚊蠅了！————————小月媽媽

廚餘不再發臭了
好厲害！

製冰盒的快速絕招。

將做好的副食品倒入製冰盒裡時，用茶匙慢慢舀太麻煩，而且要是沾到製冰盒的邊緣，蓋子就會很難打開，所以我都會把副食品倒入塑膠袋裡，邊角剪個洞，就像是在擠鮮奶油般，把副食品擠入製冰盒裡，這樣不僅可以節省時間，邊緣也不會沾上副食品，值得推薦喔！————————哎呀呀呀

我我一直把太座當作老闆在伺候。能幹的部下通常都會受到尊敬，所以就算在家，我也會把上班時所培養的能力充分發揮出來。即便如此，還是常被太座怒吼「做事之前要先觀察」，看來唯命是從的新人時代，在家裡也要畢業才行了。————————新多路日

嗯
老闆，衣服已經摺好了

傾囊相授不藏私！

家事育兒的好主意

副食品進入後期之後，女兒一直吃不習慣切丁的食物。吐出來也就算了，還用力拍打，拒之於千里之外！這時候我們家施展的絕招就是，跟她說：「小姊姊吃吧！」先硬逼她拿湯匙，然後自己握著她的手，以相當亢奮的情緒誘引她：「小姊姊要不要吃看看呢？應該會很想要自己吃吧？」然後再拉著她的手把食物送進嘴裡，之後再用力拍手對她說：「妳好棒喔──！好厲害、好厲害!!」就算對方是嬰兒，只要把她當作小姊姊來看待，振奮她吃東西的慾望，她就不太會鬧脾氣，而且還會一口接一口，就連沉默寡言的老公在餵女兒吃飯的時候，也會非常努力地讓自己的情緒高漲。看到這種情況的我，忍不住會心一笑，整個家的氣氛可說是和樂融融呢～！————————小咪媽媽

不愧是小姊姊～
嘻嘻
好棒、好棒

時差育兒
zzz

我們家是採用時差育兒的方式在照顧孩子。9點一過，老公就和兒子一起就寢，早上4點再起床準備早餐。我則是趁晚上這段時間準備隔天保育園要用的東西，還有洗衣服、整理屋子，並在晚上12點的時候就寢，早上7點再和兒子一起起床。如此一來，我們兩個就可以分別在半夜及清晨擁有自己的時間（例如看看錄的連續劇、看書，或者是上網購物之類的），對於彼此也不會有所不滿或出口埋怨。夫妻兩人在一起的時間雖然有點少，但是我們說好，早餐一定要全家人一起吃！————————逸林媽媽

PART

3

工作的意義

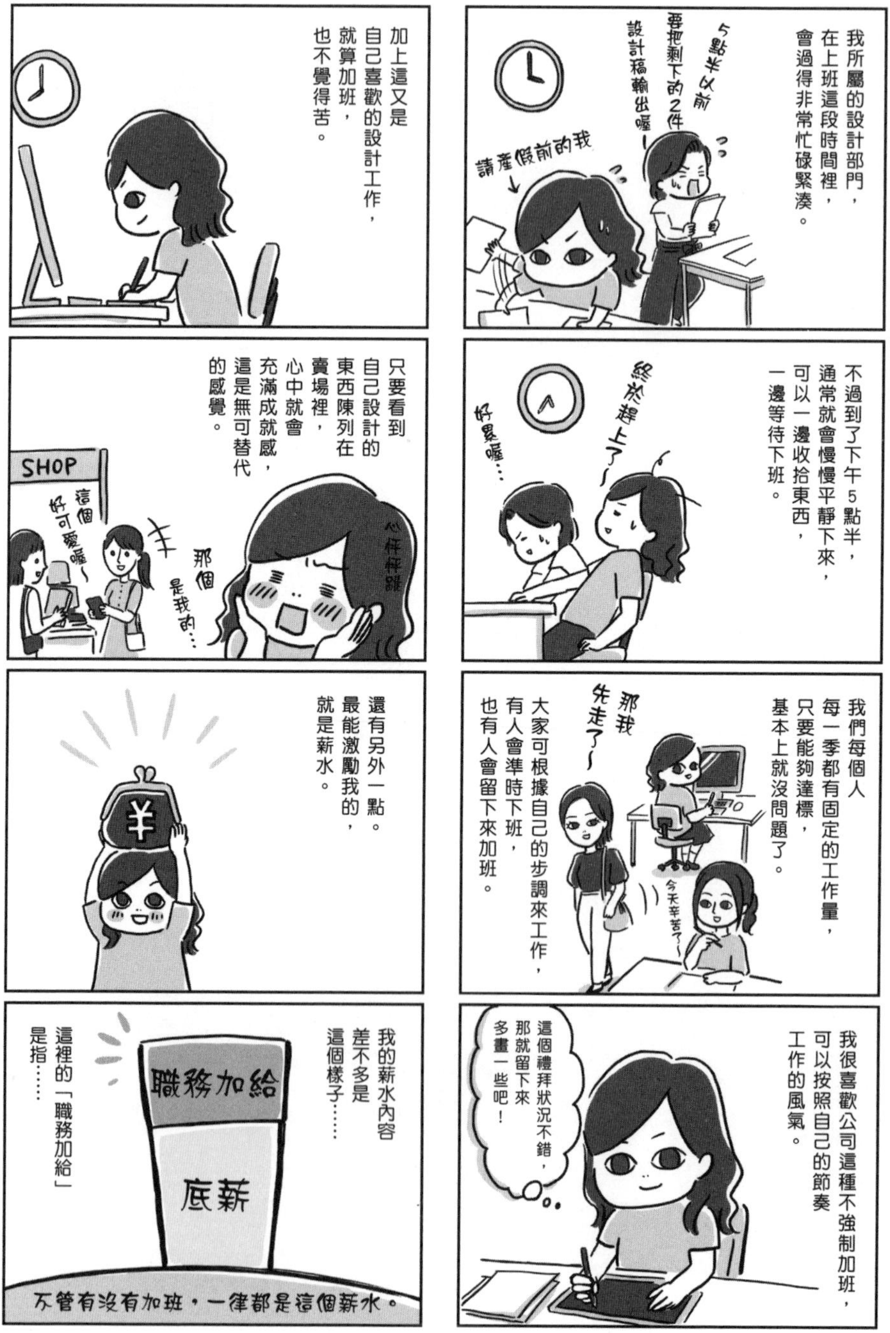
我所屬的設計部門，
在上班這段時間裡，
會過得非常忙碌緊湊。
5點半以前
要把剩下的2件
設計稿輸出喔～
請產假前的我
不過到了下午5點半，
通常就會慢慢平靜下來，
可以一邊收拾東西，
一邊等待下班。
終於趕上了～
好累喔⋯⋯
我們每個人
每一季都有固定的工作量，
只要能夠達標，
基本上就沒問題了。
那我
先走了～
大家可根據自己的步調來工作，
有人會準時下班，
也有人會留下來加班。
今天辛苦了～
我很喜歡公司這種不強制加班，
可以按照自己的節奏
工作的風氣。
這個禮拜狀況不錯，
那就留下來
多畫一些吧！
加上這又是
自己喜歡的設計工作，
就算加班，
也不覺得苦。
只要看到
自己設計的
東西陳列在
賣場裡，
心中就會
充滿成就感，
這是無可替代
的感覺。
SHOP
這個
好可愛喔～
那個
是我的⋯⋯
心怦怦跳
還有另外一點
最能激勵我的，
就是薪水。
¥
我的薪水內容
差不多是
這個樣子⋯⋯
職務加給
底薪
這裡的「職務加給」
是指⋯⋯
不管有沒有加班，一律都是這個薪水。

復職2個月前
咦，公司的總務部寄信來耶～
技能津貼
主管津貼
定額加班費
職務加給
咚！
3種全部包括在內的超級津貼!!
（當時的我是一般員工）
恭喜你們家的小朋友順利找到保育園。
關於復職一事，您是否要選擇縮短工時呢？
※請注意，如果您選擇縮短工時，那麼公司會按照時數來扣除底薪。
選擇縮短工時需準備下列文件。
…………
因為底薪低，所以這個職務加給便成了我上班的最大動力。
今年的職務加給多了1萬日圓耶♡
頭疼耶！雖然很想全職上班……
但就現實來講，剛開始還是縮短工時吧。
應該有人想問我對於加班的看法。
對我來說，既然公司會給加班費，當然就要更努力工作！
畢竟這是一筆令人開心的津貼。
今天吃牛排吧♡
雖然底薪會被扣，但我還有職務加給……應該還過得去吧～
啦啦啦
可是這筆職務加給，
之後卻引發不少問題……

可是復職之後的第一個發薪日……
咦ooooooo?
薪水明細
那個——我的薪水有沒有錯呢？
好像太少了……
總務部
啊～都沒有人跟妳說嗎？
公司重新審核小愛小姐的津貼內容……最後決定取消職務加給了。
什麼!?
等等、等等!!
復職前都沒有人跟我說這件事耶！
對不起——津貼的詳情，是總公司決定的，我也不太清楚。
認真
我的薪水耶……
什……什麼叫妳不太清楚？
等一下，我們真的是不太清楚，可以麻煩妳直接問社長嗎？
社長室
呃……問社長呀會緊張耶……
不過社長是一個胸襟豁達的人，跟他提他應該會懂的。
就這樣辦
搞不好是某個地方出錯，才會不小心扣到我的津貼……！
社長，打擾您了。
想要請問一下有關薪水的事…
我的「職務加給」為什麼會被取消呢？

因為妳……縮短工時不是嗎？
「職務加給」是指「定額加班費」。
吼
沒錯，復職之後，我以為我的薪水只會扣除底薪的1/8，因為只縮短1小時工時……
職務加給
扣除1/8
底薪
妳有像以前那樣加班嗎？沒有吧？
既然如此，就不能領「職務加給」。
可是現在公司卻以縮短工時這個理由，把我的職務加給全部都給砍掉了。
底薪（只剩7/8）
說穿了……
不，我也不是完全沒有加班……
而且事前都沒聽說這件事，所以我才會有點訝異……
嘟嘟囔囔
嗯哼？
啊，我再重新確認一次。抱歉打擾您。
少上1小時的班，薪水竟然減少了1/3啊啊啊！
恐慌
事情就是這樣。
不對不對不對，如果是這樣的話，
那在復職之前就應該先跟我說明呀！
坐在桌前鬱鬱寡歡…
我根本就沒有想到職務加給會被砍掉，當然也沒先確認。
更何況這種事就業規則與產假及育嬰假的相關手冊上也沒有提……

薪水這種敏感話題，
到底要問誰好呢……？
啊
良子前輩，要不要一起去吃午餐？
是小愛呀！
明天可以喔！一起去吃飯吧～
什麼!? 我也是縮短工時，可是有職務加給耶!?
而且我也沒有加班！
我有聽妳說過……
社長跟我說的……
喔喔，那個人呀……
因為她是課長，所以不會被扣呀！
而且「職務加給」包含「主管津貼」在內呀。
怎麼又是妳…
怎……怎麼社長的說詞一直變來變去的……？
所謂職務加給？
我也是這麼想……
明明是一種包含技能、主管及定額加班費的津貼，
所以我不懂既然缺了一個項目，為什麼會出現全額支付及全額砍除這兩種情況呢？
而且，小愛呀！
除了職務加給被砍掉了，一整年的獎金也不會給了吧？該怎麼說呢？這有點……
請育嬰假之後的規定
金額不小耶…
對呀，做到這種地步……
太過分了啦……
全身抽搐
口吐白沫
哎呀—
振作呀—

而且，妳不要忘了，
保育園的學費
還要繳對吧。
0歲兒的托嬰費是很貴的。
雖然在日本3歲以上免費
真的……這樣一想，請育嬰假時領的津貼金額搞不好還比較高呢……
我的薪水
保育費
隨風而逝
飛了……
……可是再怎麼怨嘆也沒有用，
所以我是想，那就選擇全職工作，這樣就能恢復原來的薪資水準了。
昨天我跟我老公談了一下，最後決定讓孩子延托，
然後每週由我老公負責幫我接小孩1、2天，好讓我能留下來加班。
這樣好嗎？
小愛真的想要這麼做嗎？
……坦白說，我也很想要多陪孩子一些時間，
但是好不容易可以工作了，賺的錢卻這麼少，再怎麼樣我也沒有辦法釋懷呀……
而且我覺得多加一點班，比較不會對公司其他同事造成困擾。
緊握
何況經手的工作還可以提升自己的經歷……
……我支持妳。
因為這是妳選擇的道路。
但是千萬不要勉強自己喔！
好的！

保育園方面……
下禮拜開始想要延長托育1個小時……
喔，是嗎!?
那麻煩您填一下這份資料……
馬麻
衝
媽媽下班了呀～
對了……延托1小時的小朋友通常有幾個呀？
這個嘛——
今天她似乎特別期待跟媽媽一起回家呢！
嗷嗚嗷嗚啊～
興高采烈
噗……
小結衣真的很興奮耶♪
每天都不一樣……大約3～5人吧。
不過0～1歲的小朋友不多就是了——
小結衣的，小結衣的喔！
小結衣的鞋子對吧——
穿鞋子回家囉——
0～1歲的不多呀……
揪心……
下禮拜我又會更晚來接她，
看來兩個人恐怕是無法一起走路回家了。

媽媽真的很對不起妳，沒有辦法多看看妳……
但是保育園的老師一定會在旁邊好好看著妳的……
比起我，老師更用心……
而且小結衣喜歡老師的程度，恐怕已經勝過我……
泛淚
冷靜冷靜冷靜冷靜
我不可以迷失方向！要朝自己的路向前邁進！
小結衣！我們一起加油吧！
？

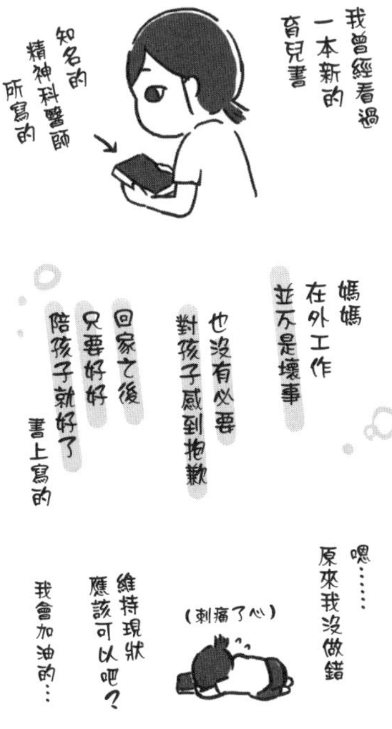
我曾經看過一本新的育兒書
知名的精神科醫師所寫的
媽媽在外工作並不是壞事
也沒有必要對孩子感到抱歉
回家之後只要好好陪孩子就好了
書上寫的
嗯……原來我沒做錯
（刺痛了心）
維持現狀應該可以吧？
我會加油的…

隔天
打擾了
嗯。
因為考慮到職務加給，所以我想從下週開始轉為全職。
鞠躬
我也會請家人幫忙，這樣就可以多加幾天班了。
不好意思這段期間因為縮短工時而造成大家的困擾，
不過今後我會和以前一樣……
請等一下。
這是需要提出的文件
不……
就算全職上班，公司也不會付職務加給給妳喔！
要是公司臨時拜託妳留下來加班，妳有把握100%都能應對嗎？
既然有小孩，還是會有無法加班的時候，不是嗎？
還有，媽媽不是都會因為孩子的事而立刻請假嗎？坦白說，這種情況都會造成旁人相當大的困擾。
並不是每個人都會跟妳一樣，所以就這一點來說，我還是會有所區別的。

……我，在這方面，確實會造成公司的困擾，
對不起 我先下班了
好
但要是情況允許，我也會留下來加班，在期限內把自己負責的工作做完，
無時無刻都會提醒自己在工作上要和大家一樣才公平。
當然，職務加給也是激勵我的動機，支撐著我努力至今。
雖然我請了一整年的假，但我覺得……
我的工作能力並未因此而下降，所以能不能請您再重新考慮看看呢？
能力呀……
呼……
這麼說是沒錯啦。
可是，在妳請假的這一年，別人可是連妳的工作都一起做的喔！
這一點妳應該也很清楚吧？
刺痛…
對於一個當媽媽的員工，工作上我不會要求太多。
請妳多放一些心思在小孩上，
早點下班，回去顧家裡的小孩吧！

妳先生不是也在公司上班嗎？趁現在讓先生多賺一些錢不是很好嗎？
哈哈哈
……請讓我再考慮一下。
失禮了。
嗒 嗒 嗒 嗒 嗒嗒 嗒嗒
W.C
啪
心如刀割……

我以為自己除了生孩子這件事，
其他都一如往昔，沒有改變。
我以為只要回到這裡，就能夠和以前一樣照常工作。
無奈的是，在現實之中，「媽媽」這個身分立場卻不容許我如此生活。
〇〇小姐保育園打電話來囉
天哪——
之所以和以前一樣拚死這麼努力，就是為了得到大家的肯定……
懊惱
上班時間調整申請書
但是周遭的人卻無視於我的付出……
還沒生孩子之前，社長根本就認定我是公司的戰鬥力……
〇〇小姐，妳最近表現不錯喔
謝謝您的肯定！
值得期待喔加油！
是——

對於一個當媽媽的員工，工作上我不會要求太多。
「因為是媽媽」這個理由……
淚眼潸潸
不管我有多努力，
都不會有所改變……

獨自默默哭泣之後……
呃……要趕快回去工作……
TOILET
嗚～一想到這事眼淚就……
膽戰
心驚
小愛，可以請教妳一下嗎？
請說。
轉頭
幹嘛呀？
……妳怎麼了？
嗚嗚……
在常去的午餐店裡
道出原委之後……
妳說什麼!?
就算他是社長，可是……
對於努力工作的母親說出一連串讓人耿耿於懷的話，這真的是吼……
不……
也不會說出這種話。
公司如果真的需要我，應該就會比照良子前輩的作法，不會扣我薪水，
自己原本就還不熟練，後來又請了產假……
自信徹底被打到谷底的人
喝啊啊啊啊啊
沒這種事——!!

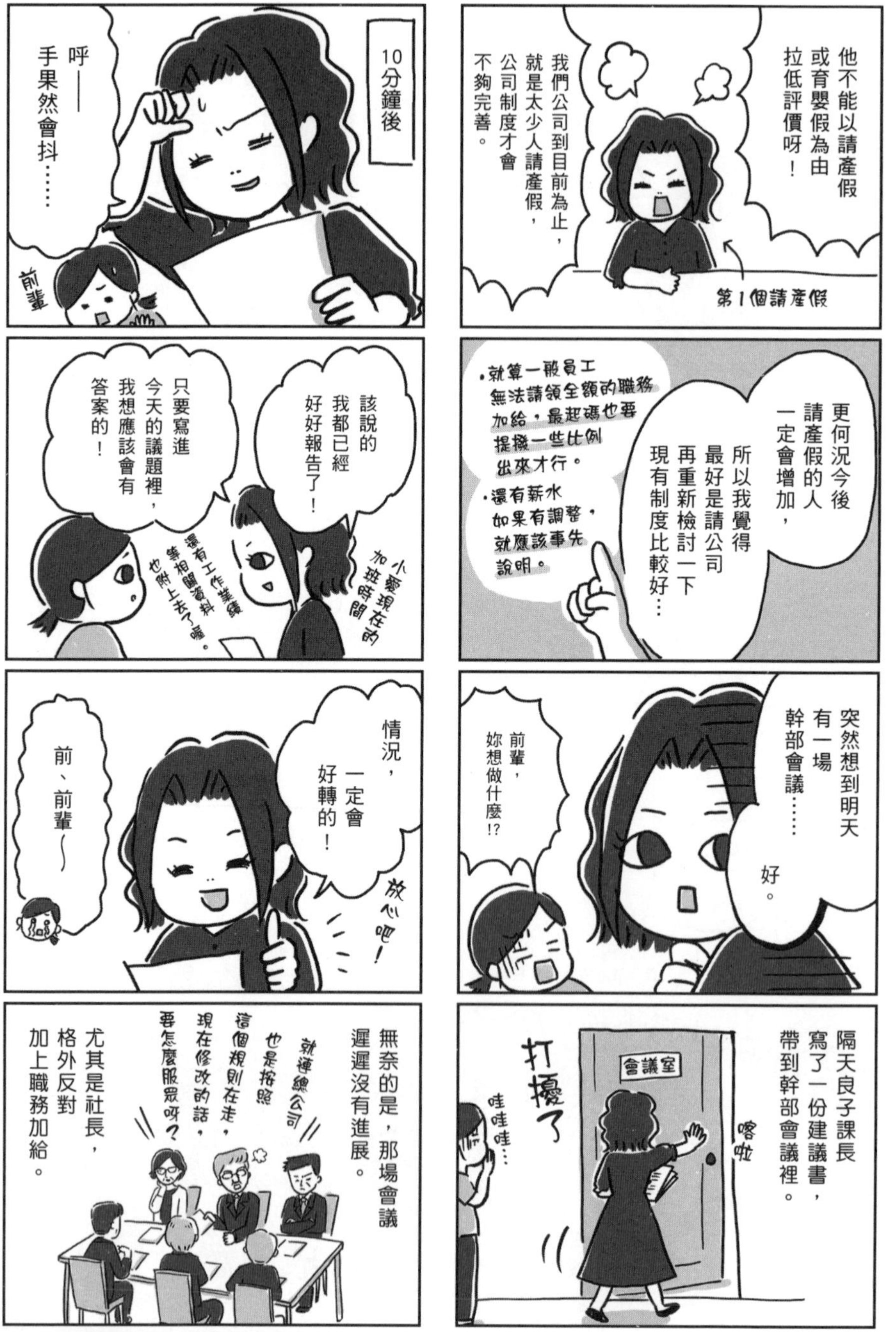
他不能以請產假或育嬰假為由拉低評價呀！
我們公司到目前為止，就是太少人請產假，公司制度才會不夠完善。
第1個請產假
更何況今後請產假的人一定會增加，
所以我覺得最好是請公司再重新檢討一下現有制度比較好……
・就算一般員工無法請領全額的職務加給，最起碼也要提撥一些比例出來才行。
・還有薪水如果有調整，就應該事先說明。
突然想到明天有一場幹部會議……
好。
前輩，妳想做什麼!?
隔天良子課長寫了一份建議書，帶到幹部會議裡。
會議室
打擾了
喀啦
哇哇哇…
10分鐘後
呼——手果然會抖……
前輩
該說的我都已經好好報告了！
小愛現在的加班時間還有工作業績等相關資料也附上去了喔。
只要寫進今天的議題裡，我想應該會有答案的！
情況，一定會好轉的！
放心吧！
前、前輩——
無奈的是，那場會議遲遲沒有進展。
就連總公司也是按照這個規則在走，
現在修改的話，要怎麼服眾呀？
尤其是社長，格外反對加上職務加給。

這樣的社長，對於過去那些請產假的人似乎頗有微詞，
這樣不就和一直工作的人平起平坐了？好幾年前，那個請了育嬰假的△△小姐，過了3年都沒回來上班，後來乾脆直接遞辭呈給我！怎麼會有這麼沒責任感的人！
心中的不滿似乎整個爆發出來。
豈有此理！所以就算她跟大家一樣都是全職，幾年內薪水也不會提高到原來的水準，是嗎!?
是的……不過呢，
……基於上述理由，
部長代為回答。
小愛小姐的職務加給全額刪除的想法不會改變。
既然我們是從業人員，只能在上頭拍板定案的決策當中工作。
……我不懂。
小愛小姐的工作量跟以前完全一樣，而且每次都做得盡善盡美、合乎期待……
社長最起碼，要告訴人家薪水要從何時開始恢復以往水準吧？
但這次是因為沒有事先說明，才會讓小愛小姐覺得自己的權益受損而驚慌失措……
他說，恢復全職之後，這一整年的薪水還是一樣。
要分好幾年才會慢慢把薪水調高……
啊，我只是希望妳不要誤會，
社長是那麼說的，但我們其實……
並不覺得妳能力不足，或者是因為休假而造成我們的困擾喔。
那是社長自己隨便亂說的啦～

做媽媽的當然很辛苦！
在工作上沒有必要逼自己硬撐。
小愛小姐非常機靈，應該可以立刻進入狀況。
工作雖以事務性居多，不過這個部門幾乎不用加班喔！
……所以，我有一個提議。
……我
小愛小姐……妳要不要考慮從設計部轉到WEB促銷部呢？
WEB?
就是因為想設計商品才會進入設計部的，其他部門根本連想都沒有想過……
所以無法確定幹勁能不能維持下去…
我……調到WEB促銷部？
有一位兼職人員要辭職──
雖說也可以另外找新人就是。
但是我知識0
部長…站在設計部的立場來講，少了小愛我們會很麻煩的……！
她好不容易才復職的說

心情鬱悶
我知道！可是呢……！
請冷靜！
緊張冒汗
只是因為請了產假或育嬰假，就違反本人的意願，給這麼差的薪水，不然就是調整工作內容，
我實在不覺得這樣也無所謂。
我只是覺得……這樣的薪水企劃部要把以前的工作全丟給她其實是有點過分……
畢竟這是全公司最辛苦的部門，而且設計部前陣子也有新人來上班……
我希望妳能看清楚人，好好下判斷……
什麼表情？
嗚咽……
我們儘量往好處想吧。
啪嗒
沒有…像這種事，光憑自己根本就說不出口……
您能替我說話實在幫了我很大的忙……
部長為了我，一定費了不少心思……
……抱歉，我沒有幫上忙。
別這麼說！
沒有必要道歉的。
但是調動部門對我來說，根本就等同於降職。

今天的事情
我跟老公說了。
什麼呀！
那這樣，
小愛妳有什麼打算？
我想繼續工作……
畢竟公司有恩於我，
讓我請產假，
而且懷孕期間，
大家也很體諒我，
一起工作的夥伴
都是好人……
啊，不過，
全職這件事
暫時放棄了。
這陣子
薪水應該是
不會提升，
所以延托的事
恐怕……
嘿嘿
不過你想，我先到
WEB促銷部，
認真工作的話，
搞不好哪一天
會調回原來的部門呢！
哪一天會
調回到設計的
崗位上……
妳的哪一天…
要等到何時？
從以前我就知道，
小愛對於設計這份工作，
是懷抱怎樣的念頭在努力的，
成品
好可愛喔…
我覺得既然喜歡設計工作，
就好好跟公司說
妳想留在設計部。
怎麼說……
我根本就沒有資格
可以這麼要求……

經過這一連串的事情，我終於明白自己的立場。
頓悟
生完孩子之後，光是能繼續在公司工作就應該知足感恩。
因為他們包容了我不少地方……
更何況，公司還容許我們改變原來的工作方式，所以我們更要心存感激不是嗎……
我才不這麼想!!
拍
明明是使用人人享有平等權利的制度，
卻彷彿做錯事般被減薪了，
結果連想做的工作都要放棄。
小愛現在根本就不像妳這個樣子！
原本是會火力全開、唸個不停的人，現在竟然像個縮頭烏龜！
阿東爸爸沒有請過育嬰假，
就不會知道我到底有多難做人！
妳說錯了！既然該做的事都盡到本分完成了，
就不應該如此戰戰兢兢，擔驚受怕！
人家明明就很想努力工作，
為什麼你都不支持我？
哇—嗚
啊
對不起，小結衣~
媽媽跟爸爸把妳吵醒了……
嗚—

就算老公這麼說，
我又有什麼辦法呢？
能讓我擁有一份
穩定正職工作的，
應該就只剩下
那家公司了吧？
我想和以前
一樣工作，
可是減薪
還有調動部門
卻讓我大受打擊。
無奈歸無奈……
而且，
我也明白……
23:30
Search
請育嬰假復職
就算心有不滿，
也不能就這樣辭職。
我的工作
本來就因為
常常請假
而受到影響了……
所以我不想
再造成公司的困擾。
請育嬰假好煩喔
世人對於請完
育嬰假復職的
媽媽，反應絕對
不會那麼和善。
妳又要請假呀
真難叫妳工作
坦白說很困擾
只有自尊心高
要孩子也要工作的任性媽媽
最討厭在職媽媽了
就算換工作，
會有公司想要錄取
有1歲小孩的媽媽嗎？
尤其是設計類的職務……
我正在帶孩子！
幹勁十足！
……不想看了。
啪嗒
要認清自己的立場，
態度謙虛一點才行。

小愛小姐對不起，有個問題想要請教您……
新人A小姐
為什麼這個檔案尺寸會變大呀？
喔，這個呀……
存檔的時候這裡不要勾選，
然後這裡的數值要調成150。
真的耶！改好了！
……我記得之前也有教過一次。
妳沒有寫在那本紅色筆記本裡嗎？
有寫耶～前輩有超能力嗎？
真是不好意思～
下次要記得看筆記本做
連剛來的新人薪水都比我還要高……
噗噗噗
不要亂想
不好意思！下班以前可以麻煩妳幫我檢查這些文件嗎？
我必須要在6點以前把設計稿趕出來……
OK！
這裡的顏色不知道要選什麼好～

這裡再紅一點會比較好喔
知道了，我試試看！
這個月的星座占卜超準的！
真的假的！聽妳這麼一說——
啊哈哈哈哈
喔，去抽根菸吧
那個人，又在上班時間偷偷上網了……
真好，那個人的設計工作可以做得這麼悠閒。
為什麼我非得離開設計部不可呢？
在公司能不能不要提無關公事的東西或聊天？
你們知道休息抽菸這段時間可以做多少事嗎？
這種時間也分我一些嘛……
為什麼老是記不住工作內容的那個人薪水可以比我高？

不行了……
我需要休息一下……
我要冷靜呀……
小愛——保育園打電話來了——
咚
香織小姐對不起，文件只檢查了一半……
啊，沒關係啦！剩下的我請A小姐繼續處理！
A小姐～
真的很抱歉，每次都這樣。
那我先走了～
沒關係啦—
路上小心喔—
要趕快去接小結衣
呼
呼
不可以抱怨，
要搞清楚自己的立場，
要謙遜……
因為我是一邊工作一邊給大家惹麻煩的人，
所以……

呼……
呼……
熱呼呼
熱呼呼
頭還很燙耶……
希望不會熱痙攣……
……對不起，小結衣，
身體還這麼小，就讓妳承受這麼多的不舒服……
明明是為了工作而離開可愛的妳，
卻沒有一件事做得順利……

家裡沒有打掃乾淨，
飯也是隨便煮煮，造成你們的負擔。
更糟的是，媽媽原本工作的地方好像也已經不需要媽媽了，
薪水也被公司砍掉了很多……
連爸爸也反對媽媽工作……
媽媽到底是為了什麼……
在工作呀……？
我之所以工作……
是為了因為我的事而感到困擾的公司嗎？
為了賺滿荷包？
為了當一個美術設計人員？
還是為了家人？
結果，沒有一件事能心滿意足——
這種情況到底要持續到什麼時候呢……？

PART 4

人生的分歧道路

我曾經想過，
世上有
不少人會趁生孩子
這個機會遞辭呈，
當個家庭主婦。
身旁也有不少人
是稱職的家庭主婦，
在守護家庭這方面
表現出色，大放異彩。
但為何我要如此堅持
到外面上班呢？
回想過去，家裡4個小孩當中，
身為老么的我，
從小就喜歡
畫畫。
哥哥①
哥哥②
哥哥③
高中讀的是設計科，
扛著超大B2畫板
騎腳踏車上學
單程50分鐘
學校還算嚴格，
讓我打下了設計基礎。
襪子太長了!!
學長學弟制
畫不完了……
好累喔……
之後進入設計類的
專門學校就讀。
陌生的電腦
這算是比較特殊的學校，
我在這老是被一些課題的
截稿日追著跑。
天哪
我到底
花了幾天
熬夜呀？
都市人的品味
和旁人等級之高，
都讓來自鄉下的我
不知所措。
因為這段修行歲月
而脫胎換骨的我，
也順利進入
與商品設計
有關的
公司上班。

我們家有4個小孩，
家境不是非常富裕，
但父母卻願意讓我
去念專門學校，
這點讓我很感激。
因此找到工作時，
我非常認真地在想……
上班族
兼差
爸爸，
媽媽……
小愛絕對不會浪費
你們幫我出的學費！
這個念頭，
至今依舊不變。
付出寶貴青春
學會美編相關技能，
並且在這個領域
一展長才賺大錢，
這是我這輩子
生活的意義，
就算中間曾經跳槽，
也在同個圈子持續工作10年了。
與其說想工作，
我覺得是……
「沒有理由不工作！」
會比較接近我的想法。
但是現在
當上母親的我，
卻發現情況
慢慢在改變……
有辦法推倒它的話
妳就推推看
產假
生育
用力
推

某個週末…
小愛，好久不見！
理惠～妳真的上東京了耶——
來了喔～上個月我就是東京都民了！
妳過得好嗎？
她叫理惠，是我高中和專門學校的同校同學，也是無話不談的知己。
外表看起來活潑開朗又可愛的她，可是一個精明能幹的粉領族喔！
上個月我調到東京的代理店♥
小結衣妳長大了耶——
冷淡
揮揮，且過……
小結衣不知道怎麼了，對理惠非常冷淡。
……

……對了，妳最近工作得怎麼樣呢？
呃……那個……
因為這樣那樣薪水就變成這樣，下個月好像還會被調到其他部門去……
等等……什麼嘛!?
怎麼可以這樣對待為了公司而努力上班的小愛呢!!
怒
謝謝妳。這種話我自己無法說出口，
光是聽見別人替我講出來，就覺得非常欣慰……
那妳現在不是很適合當那個嗎？
自由接案的美術設計師。
驚

其實我……20初頭的時候，確實曾經這麼想……
總有一天我會成為接案設計師～
↑只有夢想與希望
欸——我以為這個初衷現在依舊沒變的說～
↑天不怕地不怕的20幾歲
我是覺得……踏入社會10年了，越來越能認清現實……
發現自己不管是實力還是經驗通通都不足……
設計的能力也不是特別出色……
能自由接案當然是最好了，
但是小結衣在身邊，就會擔心自己不知道有沒有辦法做下去……
貼
貼
嗯——
我覺得如果是小愛的話，一定沒有問題的——
因為妳有毅力……
不，成為自由工作者的話，接案賺的錢會比現在少……
所以我覺得應該是做不下去啦…
那這樣吧！
妳就接我們公司的案子吧！
設計的工作，案子很多喔！
咦咦咦！好突然喔～
沒有啦！我們公司其實找了很多接案的設計師，
但是卻沒幾個人能夠畫出風格可愛的插畫。
剛好有適合小愛的插畫工作喔——
不過這個案子的截稿日是下週末……內容是這個樣子……然後報酬是這個價錢……
指

這次採用比賽的方式,所以其他人也會提出插畫作品,
但我相信小愛一定會過關的——!
大好機會別錯過♡
理惠……妳越來越會拉業務了。
剛開始先當作副業來做也可以喔!
可以吼?小結衣♡
……
轉頭
咦,人家我可是認真的耶!
小愛如果不走設計這一行的話,真的很浪費才華——
總之,妳先把東西帶回家。
真的不行再拒絕也沒關係,妳就考慮看看吧!
小結衣睡了睡了……
從事喜歡的工作來謀生有什麼不對♪
背後發光
單身貴族超~級積極光波
呃,好刺眼!!
我覺得如果是小愛的話,一定沒有問題的——
一想到這樣說不定就可以跟小愛一起工作,
而且呀,一想到這樣說不定就可以跟小愛一起工作,
我就覺得好興奮!
我就覺得好興奮!
沙…

只要不會影響到公司……
量不多的話應該還好。
公司接受員工從事副業，業種也不同…
妳的插畫被公司錄取了！
唏唏
比賽通過了？
YES！
於是我……
隔幾天就把插畫交給理惠她們公司。
不過有件事要跟妳商量…
過了一段時間以後，有一天……
嘟嚕嚕嚕嚕♪
下下個禮拜之前可以再畫20張插畫嗎？
下下個禮拜、2、20張……!?
喂，你好～
小愛，恭喜妳——
因為呀～截稿日提前，時間比我預期的還要少……
啊——嗯…那個……
嗯—嗯—

我畫！
拜託妳讓我畫。
謝謝──！
正式的責任總監晚點會聯絡妳……
嗯……
嗯……
那就麻煩妳了。先這樣囉……
插畫20張……
嗶
畫得出來嗎？
嘖……
可是我已經說我可以了……
嚴肅
阿東爸爸回家了
喔──錄取了呀？
那不是很好嗎！
霸氣
好！那週末小結衣，就暫時交給我顧吧！
平常的話，我也會儘量比現在早回家！
其他還有需要幫忙的儘管開口喔！
我會鼎力相助的！
所以妳要加油！
阿東爸爸…
這插畫費，真的這麼吸引你嗎？
沒有啦，妳怎麼這樣講！
不是錢的問題啦～
我只是希望小愛能從事喜歡的設計工作而已……
也是啦，一張[redacted]日圓……

絕對不能影響
公司的工作。
社會人魂
定下這個規定之後，
我便開啟了我的副業。
我覺得
多多挑戰
是一件好事！
真的，我沒騙妳
18:30 回家
到家了
要準備晚餐囉
← 臥室裡有電腦桌。
妳要是確定接案，
那家裡就要布置成
晚上也可以用電腦的
環境了。
噠噠噠
21:00 阿東爸爸回家之後，將照顧孩子&做家事的棒子交給他。
晚安
拜託你了
要放在
哪裡呢……？
嗯……
沒有地方放電腦桌……
24:00 阿東爸爸就寢
晚安
我睡了喔
放這裡如何？
我的工作區，
在小結衣的玩具區上
誕生了。
用來當辦公椅的凳子

2:00～3:00 就寢
已經這麼晚了呀
6:15 起床
睡眼惺忪……
7:20 出門
噠噠
噠噠
噠噠
噠噠
這樣的生活持續一段時間後的某一天……
呀啊啊啊啊
痛
啊
肩膀……肩膀跟石頭一樣硬，我快死了。
僵硬
緊繃
沒有正常的桌子導致姿勢不良，肩膀嚴重僵硬
感覺比想像的還要辛苦耶……
嗯……可是……
貼貼
撒隆巴斯
身旁有家人可以這樣幫我貼撒隆巴斯，
我會加油的！
謝謝！親愛的!!
熊抱
飛撲
啊……撒隆巴斯好臭!!

雖然有時會覺得整個人好累……
呼～好累喔。
還有3天……這時更要加油。
到家了～
搖搖
可愛的小結衣讓我覺得很療癒，
小結衣在哪裡呢──？
嗯吧～！
掀開
找到了～
窗簾躲貓貓
而且阿東爸爸也會幫我。
吃點心──
謝謝──
更重要的是，
設計這份工作真的是有趣到讓我停不下手，所以我才能熬過去。
差不多過了1個月，理惠公司的工作終於結束了。
呼呼！
恭喜──
心情好暢快♡
我要去買一個小禮物犒賞自己！
歡天
喜地
不錯喔──
慢走──
10分鐘後
太幸福了……
工作後的第一瓶啤酒
暖肩熱墊
○○超市
POTECHI
甜點
犒賞門檻也太低了吧…

另一方面，公司這邊的工作原本非常順暢……
唉—真是頭疼呀—
薪水的事情也是，要是有地方可以申訴的話，說不定他就會怕。
有沒有什麼方法可以改善呀……
前輩……
今年的人事費用暴增了啊—想想看，不是有人請育嬰假嗎？
慌張離去
社長沒來由地一直在提令他覺得困擾的育嬰假。
能這樣的話當然是好……
可是假如跟公司鬧翻，我的立場會變得很尷尬，這樣反而做不下去……
聽起來真的是很故意，這種事幹嘛一直講……
抱歉，我剛剛聽到那番話了……
心情不佳
坦白說……
現在的我根本就是焦頭爛額，已經毫無餘力再承受任何壓力了……
哭
光是活著這件事就讓我筋疲力盡。
……我是覺得，
這種情況應該算是職場媽媽霸凌吧？
不過……
我還是要謝謝妳，這麼關心我。
鞠躬
好……我知道了
原來偶爾也會有人設身處地為我著想。

理惠的公司把設計費匯給我了。
〇〇銀行
沒想到，竟然有公司……
對我設計的作品付出相應的報酬。
此時心裡頭冒出了一個小小的期望……
這樣的話……應該可以靠接案過活吧？
今天晚餐煮什麼好呢……？
嘟嚕嚕嚕嚕嚕
喂～您好。
我是〇〇公司的〇。承蒙您照顧了。
理惠他們公司的業務！
承、承蒙您照顧了。
拚命鞠躬敬禮
上次謝謝您幫忙。
幸好有您，作品深受讀者好評，沒多久就搶購一空了喔！
這是真的嗎？太好了！
沒錯。所以，
我們想說，下次再發設計稿請您幫忙，您願意繼續接嗎？

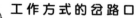

下次……
飄飄
也要……
欲仙……
找我設計……
咚
噗
掉下來啦啊啊
好痛……
恭喜妳懷孕了！
妳就安心去待產吧！
我們會等妳回來喔！
謝謝妳回來上班！

咦
可能又有案子要找妳幫忙？
那不是很好嗎？
嗯。不過……
上一次是想說，反正就這麼一次，所以才會那麼拚命，
但兩份工作一直同時進行的話，我怕會撐不下去…
沒辦法睡覺…
如果只能夠擇一……
我想，還是選擇在公司上班比較好吧……
小愛，你比較想做哪邊的工作呢？

我……
現在其實是想，
嘗試當接案設計師看看。
我呢……
是不希望小愛放棄自己想做的事。
妳明明就很想當接案設計師，加上又有公司希望能夠借助小愛的力量，大好機會豈能錯過？
但是這樣的話……
就會對公司造成困擾，
而且一想到身旁那些對我非常好的人，
更何況……
現在的公司薪水又不高。
呃……真的很在意錢耶
就會不忍心辭職……
而且，要不是公司這樣對妳，
妳也不會想要接案，不是嗎？
說的也是……
雖然會感到不安、在意旁人的眼光，
但我希望妳選一份自己喜歡的工作。

就算失敗，背後也有我撐著呀！
就先挑戰看看！我是覺得接案妳可以的。
但是罪惡感也越來越大，懷疑自己真的有立場這麼做嗎……？
不好意思，我先走了
辛苦了
我前思後想，
誰叫公司把我的薪水砍這麼多，而且能加班的時間沒有料想的多——
在罪惡感面前的我，心中堆滿了藉口，想法一直變來變去。
反覆思索……
最後，我決定了。
想當一個接案設計師的念頭，越來越強烈……
高效接案
我打算跳進一個讓我無法再找藉口的世界。
辭呈

上班族
自由工作者

良子課長……
對不起……
我想……做到下個月就好。
復職以來……公司的應對方式讓妳很苦惱吧？
而我也束手無策，什麼都無法改變，對不起……
……挽留的話，想法也不會改變嗎？
……是。
您不要這麼說!!
前輩這麼照顧我、幫我，該道歉的人其實是我！
欠前輩這麼多人情的我才要說對不起……
嗚……
絕不能為了償還人情而工作！

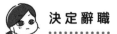

這是妳的人生，絕對不可以被這份人情絆住腳！
所謂工作……就是要為自己、為家人而做才行！
那我就收下妳的辭呈了。
要是想回來，公司隨時都歡迎妳喔。
……謝謝。
謝謝前輩！
部長……
就算辭職，我也不會忘記……
課長曾經伸出援手幫我。
嗚…嗚…
萬一我回來的話……
不就代表我作為自由工作者，混不下去了嗎……？
對吼，也是啦
我也要跟課長一樣，
要是有人遇到困難，就主動伸出援手。
我會想妳的……
那……
妳就儘量不要回來公司吧……
要加油喔！
微笑

打從提出辭呈的那一天開始，
颯颯颯颯……
我就變得非常在意公司同事的眼光……
什麼，小愛要辭職？
她復職後都還沒有好好上班耶
她是不是為了產假才進公司的呀？
好狡猾喔
起碼也要再工作一陣子吧
大家心裡頭一定會這麼想！
心態越來越自卑了。
原本就已經很不好意思了，現在根本就像縮在角落，苟且度過剩下幾天。
安靜……
起碼讓我在工作上認真以對吧……
我聽說了，小愛小姐。
聽到妳要離職，我覺得滿可惜的。
嗯，我辭職了。
真的很抱歉，帶給大家這麼多困擾……
沒有啦…
我覺得大家都能體諒妳的情況喔。
感覺得出來……
社長那種態度誰還做得下去呀！
那個人觀念真的是很古板……
氣噗噗
氣噗噗
我去年也結婚了。
原本想說差不多該有個孩子了……
妳的情況讓我想了許多。

我在這家公司的第一線還有許多事情要做，
關於今後的人生規劃，
正在和我先生討論中。
雖然不知要到何時才能跟良子課長一樣成為一位稱職的主管
所謂人生百態。
有人選擇孩子，
有人選擇工作。
但是……
我覺得這個世界要是能夠讓「想要有個孩子」的人，
不會因為工作而放棄這個念頭該有多好啊～
離職的這天……
要好好過喔
哇啊啊啊
大家非常謝謝
有空再約喔
掰掰

隔天，
我向市政府
申請工作室的核准函。
那就麻煩
你們了
好的，謝謝。
櫃台
就這樣
下定決心
成為一個
個人企業主
……
○○市政府
手續
好快……
最起碼……
從今天開始
要進入
新的生活了。
噠
勇往直前衝衝衝！
加油!!
天哪—
好熱喔—

終於要開始以自由工作者的身分工作了。
我來介紹一下。
這位是負責業務的〇先生！
今天第一次開會。
東京M區
霸氣十足
理惠他們公司好氣派喔!!
接下來就麻煩你囉♪
謝謝妳幫忙牽線……
揮手
請稍等我一下喔～
坐立不安
早知道就稍微打扮一下再來……
這次要麻煩您的是〇〇公司的案子……
哇～大公司耶！
謝謝妳來我們公司—
理惠！
……嗯，通常設計稿差不多3天後就要麻煩您上傳，
之後的修稿，也必須在1天之內完成。

1天內呀……時間比想像中還要緊迫……
遲疑
在這種狀況之下，承接這麼重要的案子好嗎……？
我……
平常的話是沒有什麼問題，不過小結衣要是有什麼事的話……這樣過得了關嗎……？
不用擔心喔！
那個……！我……
我們公司裡，也有員工家裡有小孩，所以我懂！
而且要是有什麼狀況，我們都可以支援的！所以不用擔心。
我有個1歲的小孩……
要是孩子突然發燒或是有什麼事的話，可能會無法立即應對……
何況小愛小姐上次工作，既迅速又確實，
所以我們才會想要與您再次合作。

請您
務必成為我們公司的助力！
這裡不會這樣。
什麼呀……
嘴裡嚷嚷著：「不要因為我是媽媽就對我有差別待遇！」
結果自己還不是以「媽媽」這個身分為理由築了一道防波堤……
既然他們把我視為一位設計師，需要我幫忙的話……
既然有小孩，還是會有無法加班的時候，不是嗎？
這種情況都會造成旁人相當大的困擾。
並不是每個人都會跟妳一樣。
對於一個當媽媽的員工，工作上我不會要求太多……
好的！
我非常樂意接受這份工作！
握拳……
就只能全力以赴來回報他們了！
謝謝妳
我才要謝謝你們

成為自由工作者之後……

大家心中的接案設計師是什麼模樣呢？
我是這個樣子在工作。
嗒嗒嗒 嘎嗒 轟隆
（施工噪音）
用了10年螢幕已裂的電腦
衣著單薄
不會整理
生菜拌飯
很多事情都要重學重記。
這個章要蓋在哪裡呀……？
要是忙起來，六日也要工作。
那我帶她出去玩囉
抱歉喔
工作要是累積太多，就會和唸書時一樣，熬夜趕工。
已經早上了呀……
啾
啾
因為工作量不一定，無法管理我的時間表，有時就只能死命工作……
搖搖
欲墜
A社的東西已經交了，回去先補個眠吧……
嘟嚕嚕嚕
剛熬完夜就直接送小結衣去上保育園。
我是B社。可以麻煩您修稿嗎？能不能在中午以前改完呢……？
登愣
這個時候，我不禁回想起從前在公司與同事分工合作的點點滴滴。
已寄出
倒下
好想睡
而「必須獨自完成」的壓力，有時也讓我情緒變得不穩定。
哇啊啊啊啊啊
為什麼沒有辦法畫得更好呢

抱抱
我受不了了！小結衣，救救我～
完成了～
拍手
拍手
嗯？
穩——固
哇，好厲害！
這是小結衣自己堆的嗎？
剛進保育園的時候，
她連一個積木都堆不起來。
不知從什麼時候開始……
小結衣每天的成長速度，
快到令人來不及察覺。
那我也不能輸給她……
抱緊
小結衣，妳好棒喔！
謝謝妳總是帶給我動力。
為我充飽愛與力量，
讓我能夠繼續努力下去。
愛妳
愛妳
太愛妳了～

小愛心中的

上班族&自由工作者的優缺點

上班族		自由工作者
・工作時間依勞基法規定	時間	・可以自由運用時間。容易騰出自己的時間及陪伴家人 ・可以自己設定假日
・有團體工作。在工作上遇到瓶頸時，組員可以互相幫忙 ・遇到麻煩或問題時，可以找主管或同事商量	工作	・可以自主挑選有興趣或者擅長的工作
・收入穩定・社會保險費的負擔較輕 ・有產假及育嬰假（社會福利）可以請，能夠專心照顧孩子 ・工作方面的基本支出由公司負擔（電費、電腦、辦公用品等）	金錢	・只要努力，收入就會增加
・薪資申報、報稅、加入保險都由公司代為處理 ・孩子比較容易申請到保育園（依地方政府規定） ・社會信用高，在辦信用卡及貸款時比較有利	其他	・比較不用煩惱人際關係 ・無論身在何處都能工作（就算搬家，也能夠繼續從事同一份工作） ・服裝及髮型不受拘束

當一個自由工作者的最大優點，就是可以自由分配時間！

就經濟方面來說，當一個上班族的安心感絕對勝出。

只要有技能與行動力，就可以提升收入！

上班族的收入及上班時間比較固定，工作方式也比較規律。公司通常都會設定個人無法完成的龐大目標，若能與同事一起達成目標，就會覺得這份工作相當有意義且充滿樂趣。只要工作內容適合自己，當一個上班族應該算是好處多多。

當了自由工作者之後，不僅可以兼顧工作、學習、家庭及興趣，也比較能夠專注在自己的人生上。以媽媽的立場來看，育兒時若是遇到問題或煩惱（孩子身體不適、將來會遇到的「小一門檻」等等），在應對上都會更有彈性。以我的立場來講，少了上班族時期的聚餐費及治裝費，不過對興趣的投資反而增加了。

不管是自由工作者還是上班族都各有優點。
工作該重視什麼是個人自由！
所以就讓我們好好規劃一個理想的人生，
選擇一個適合自己的工作方式吧♪

EPILOGUE

現在的我……

時光流逝，隔年夏天……
我們搬到大阪了。
因為阿東爸爸在春天調職了
小結衣也2歲了，
名副其實的不要不要期。
繪本不可以拿到保育園啦！
我不要我不要
亂踢亂踢
……
Melody
雖然有時候會覺得很累，
但日子卻非常開心且有活力。
Let's GO GO GO
GO

提到我的工作……
小結衣今天好會鬧喔……
啪嗒
當了自由工作者之後成效還算不錯。
換了一台新電腦
就算搬到別的地方住，設計的工作照樣可以繼續。
除了理惠他們公司，我也開始接其他公司的工作。
但我畢竟還是新手，收入不算優渥。
可是我工作的時候都會充滿熱誠。
而且與小結衣相處的時間也稍微變多了。
剛好工作到一個段落，今天早點去接她回家好了。
我今天有摸團子蟲喔—
咦—真的嗎？
走路回家。

晚上10點在家開喝。
那我們現在就來慶祝，
小愛這次的工作順利交件！
乾杯！
這次的工作，好像比之前更累吼——
辛苦了——
真的是吼……忙到快往生。
不過阿東爸爸常常幫我顧小結衣，應該也不輕鬆吧？
謝謝你。
沒有啦～
啊哈哈
最近我發現……
妳的表情變得溫和許多。
是嗎？
還在公司上班的時候……
妳看起來像是心裡住了一個怨靈似的……
看起來有那麼可怕呀
……

跟那時候不一樣的地方，應該是現在的我做的是想做的工作，所以當然開心呀！
而且我感覺那個當媽媽之後被忙碌生活追到快要失去的「工作意義」也回來了。
復職之後，請育嬰假這件事讓我感到有點自卑，所以才會埋首於工作堆裡，試圖找出自己的價值。
我討厭別人拿孩子當理由說我做不了事，
所以才會在不知不覺中把目標放在讓周遭人接受我，覺得我的工作能力不變。
然而現實卻不如我所願，
不是被減薪，就是調部門，使我心靈嚴重受創。
明明就沒必要和身旁情況不同的人或過去的自己比較，
但我就是會忍不住這麼做。
為什
為什麼我要調到別的部門而他可以待在企劃部
為什麼
為什麼
然後再來天天怨嘆沒有一件事如意，
動不動就一直羨慕別人……
為什麼那個人薪水比我還要高
為什麼
為什
為什麼只有我這樣？
為什麼
老是被這樣的情緒操縱的話，
做起事來怎麼會順利呢？

離開這樣的環境，成為自由工作者之後，我才發現……
我們工作的目的並不是為了得到某個人的評價，
而是為了「自己的夢想」和「家人的幸福」，
這樣工作起來才有意義。
還、還有…
孩子出生之後工作時間一定會受限，
但是我卻沒辦法接受這個事實，這說不定也是影響我工作的原因之一。
當初要是能好好體認自己這樣的變化，那就好了！
那麼或許，在那家公司繼續工作也會覺得很有意義。
我覺得公司的人其實明白妳想要與他們共事的心喔——
但是我絕對不後悔成為自由工作者！
反正那時他們也要把我調到別部門！
謝謝你讓我挑戰這種工作方式。
咚
醉了
吼～
我並不是「因為公司而改變想做的事」，
而是
「為了想做的事而改變工作方式」。
這就是我的選擇。

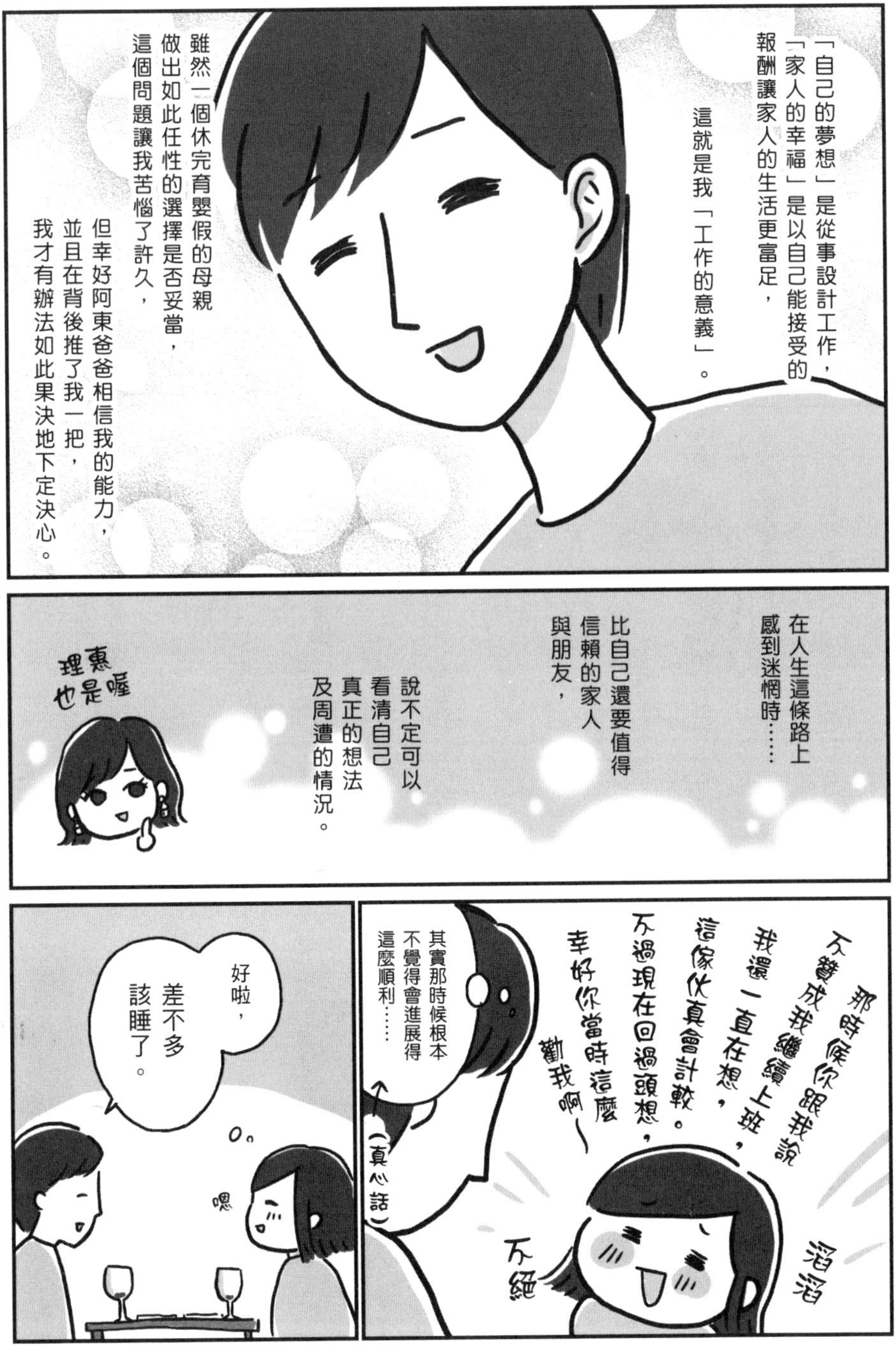
「自己的夢想」是從事設計工作，
「家人的幸福」是以自己能接受的報酬讓家人的生活更富足，
這就是我「工作的意義」。
雖然一個休完育嬰假的母親做出如此任性的選擇是否妥當，這個問題讓我苦惱了許久，
但幸好阿東爸爸相信我的能力，並且在背後推了我一把，我才有辦法如此果決地下定決心。
在人生這條路上感到迷惘時……
比自己還要值得信賴的家人與朋友，
說不定可以看清自己真正的想法及周遭的情況。
理惠也是喔
那時候你跟我說不贊成我繼續上班，
我還一直在想，
這傢伙真會計較。
不過現在回過頭想，
幸好你當時這麼勸我啊～
滔滔不絕
其實那時候根本不覺得會進展得這麼順利……
（真心話）
好啦，差不多該睡了。
嗯

生了孩子之後，
我的工作方式
整個都不一樣了。
不再像以前那樣
把自己完全奉獻給工作。
即便現在成為自由工作者，
還是有很多事不盡人意，
有時甚至因此而
苦惱不已。
但是我還是覺得，
能生下這個孩子
真是太好了。
有時不管有多累，
孩子可愛的臉龐都能
激勵自己要更努力。
妳看妳看～
感受她的成長時，
一顆心更是感動到
震撼無比。
一看到她的笑臉，
心就會幸福到
快要融化。
小結衣是我們的
心肝寶貝，
隨時會讓我們想起
什麼是愛。
呼—
明天也要加油喔

職場媽媽
各方面其實都很辛苦，
加上每個人的情況
不太一樣，
還有30分鐘…
要趕快畫
要怎麼工作這個問題，
我想是不會有
正確答案的。
但是既然要工作，
畫好了～
要趕快
去接小孩
能夠樂在其中或是
找到價值那就更好了。
因為媽媽若是
愁眉苦臉，
家人就不會
笑容滿面。
雖然想要工作，
但是我們沒有必要
逼自己和產前一樣，
只要站在目前的立場
找到適合自己的
工作方式就好了。
就算暫時把工作
擱一旁也無妨，
因為我們還有
其他選擇。

育兒的終點
還有好長一段距離。
來接小朋友囉
這是一條漫長的道路。
媽媽！

所以就讓我們一起努力吧！
我下班了——

阿東爸爸與小愛的
兩人對談

為了紀念這本書出版，我想採訪一下阿東爸爸！
可以先告訴讀者，你看了這本漫畫之後的感想嗎？

原本以為畫的只是超級可愛小結衣的小插曲，沒想到後半段宛如驚濤駭浪般黑暗，還真不知該怎麼形容呢。
尤其是小愛對工作的熱情，以及自尊遭到摧毀的那一幕，連我看了都會心痛。
對了，我希望手上拿著這本書的女性（媽媽），最好讓周圍的男性（爸爸）也看看這本書！

我真的希望這本書能夠為正在育兒的雙薪父母帶來一點幫助，或者刺激他們思考一些事情。
阿東爸爸，我當上職場媽媽之後，你的「工作方式」有改變嗎？

應該就是抱持著自己是「在職爸爸」這個想法在工作吧。
曾經以為「自己不在，公司就會無法運轉」，還有「犧牲家庭專心工作的自己很帥」的我，真的要感到慚愧。
既然是「在職爸爸」，家人有困難的時候就要請假幫忙，工作的時候就要勤奮工作。所以在切換模式上我會特別留意，並且儘量做出成果。

這本書一開頭的我們，想法真的是天差地別！不過最近因為社會情勢有所改變，我發現你都會比較早回家。幸好有你，我們家現在才能過得如此和睦。
如果男性能積極幫忙做家事、帶孩子，整個家庭一定會更幸福的！今後也要麻煩你繼續維持下去喔！（眨眼）

好唷！

我想到剛復職，還有買房子的時候大家都很辛苦，也不知道該怎麼做……那時候的我們真的是吵翻天。

的確。但是我覺得趁吵架時把彼此的想法說出來，其實是一件好事。
例如工作將來想怎麼辦？要不要生第二胎？這個月收入有點不妙、最近好像有點胖……夫妻之間無話不說我覺得很好！

有點胖？你是在說我嗎？先不管這件事，這1年來，兩個都在上班的我們，透過照顧孩子學到了一件事，那就是夫妻之間的溝通與體貼其實是很重要的。
好啦，那麼最後請你對我們的讀者說句話吧！

謝謝大家常常在IG上留下「阿東爸爸好棒！」、「理想中的丈夫！」、「帥哥！」之類的評論。
我們兩個都還算是新手爸媽，但會繼續努力的。今後還請大家多多批評指教。

沒有人在IG上留下這樣的評論喔。你在做夢啦！還有，最後一句話太嚴肅了唷！

希望大家擁有愉快的育兒生活！

阿東爸爸的作品
「小結衣與小愛」

結語

謝謝大家把《勇往直前衝衝衝！職場媽媽奮鬥記》這本書看完。

這本漫畫是以「在職媽媽」為題，主要描述我復職之後那幾個月發生的點點滴滴。
對我來說，這段期間與人生價值觀的改變可說是密不可分。

回到公司上班時雖然已經有所覺悟，知道會很辛苦，
但是自己付出的努力遲遲無法有成果，還是讓不滿的情緒紛紛湧上心頭：
「世人（公司）在這方面要是能夠多想一點，那該有多好！」
雖然我知道不可操之過急，但是……眼淚有時候還是會不爭氣地掉下來。

就是因為明白這種焦慮的心情，所以我才會決定，
不對周遭人及輩分比我小的人說：
「我那時候就是這麼辛苦，所以你也要忍下來。」

既然情況不會馬上好轉，那麼我就把「這樣做不是比較好？」的想法告訴他們就好了。

等到小結衣長大成人時，這個世界說不定會變成一個

職場媽媽不需要硬逼自己放棄夢想的社會了。
我選擇的是辭去工作、成為自由工作者的道路，也找到了一個令人滿意的工作方式。

然而，所謂最好的工作方式，其實是沒有正確答案的。
只要自己能接受，我想這就是屬於那個人的道路。
而且我認為無論置身何處，都能找到一條適合自己的道路。

現在看來，這一連串的事情讓我想起了過去想要當「接案設計師」的夢想，
同時也引導我走上這條路，因此我非常感謝小結衣為我創造這樣的契機。

我喜歡工作，也喜歡照顧小孩。這兩件事都是造就今日的我的重要因素。
離開公司也好，對於將來稍有不安也罷，就算有時會睡不飽，但我還是覺得有個孩子真好！

最後，我要趁這個機會向一直支持我在《生活書架》連載漫畫的
各位讀者、透過ＷＥＢ及書籍把我的漫畫化為實體的
ＭｙＮａｖｉ出版社獻上謝意。

希望有朝一日能在某處與大家相見。

2020年 Ai

あい

2018年5月生下長女（小結衣）。曾為粉領族，現為接案的美術設計兼新手在職媽媽。與格外愛家的丈夫（阿東爸爸）一起過著忙碌的育兒生活。會將熱鬧忙亂的生活日常與實用的育兒相關資訊分享在部落格與ＩＧ上。

部落格「どんどん育児」
http://dondon-ikuji.com/

IG
http://www.instagram.com/yui_dondon/

STAFF
設計　　　アルビレオ
企劃、編輯　石原佐希子（マイナビ出版）

勇往直前衝衝衝！職場媽媽奮鬥記
雖然總是手忙腳亂，但我很喜歡現在的自己
2021年7月1日初版第一刷發行

作　者　あい
譯　者　何姵儀
編　輯　陳映潔
發行人　南部裕
發行所　台灣東販股份有限公司
＜地址＞台北市南京東路4段130號2F-1
＜電話＞(02)2577-8878
＜傳真＞(02)2577-8896
＜網址＞http://www.tohan.com.tw
郵撥帳號　1405049-4
法律顧問　蕭雄淋律師
總經銷　聯合發行股份有限公司
＜電話＞(02)2917-8022

國家圖書館出版品預行編目(CIP)資料

勇往直前衝衝衝！職場媽媽奮鬥記：雖然總是手忙腳亂，但我很喜歡現在的自己/あい著；何姵儀譯. -- 初版. -- 臺北市：臺灣東販,2021.07
144面；14.8×21公分
ISBN 978-626-304-685-6(平裝)

1. 母親 2. 育兒 3. 職業婦女

544.141　　110008886